高效变现

普通人如何利用自身优势赚取额外收入

张丹茹（Angie）◎著

HIGH
EFFICIENCY
TO MAKE
MONEY

民主与建设出版社
·北京·

© 民主与建设出版社，2021

图书在版编目（CIP）数据

高效变现 / 张丹茹著. -- 北京：民主与建设出版
社，2021.6
ISBN 978-7-5139-3474-9

Ⅰ. ①高… Ⅱ. ①张… Ⅲ. ①时间 - 管理 - 通俗读物
Ⅳ. ① C935-49

中国版本图书馆 CIP 数据核字 (2021) 第 067803 号

高效变现

GAOXIAOBIANXIAN

著　　者	张丹茹	
责任编辑	郭丽芳　周　艺	
封面设计	红杉林	
出版发行	民主与建设出版社有限责任公司	
电　　话	（010）59417747　59419778	
社　　址	北京市海淀区西三环中路 10 号望海楼 E 座 7 层	
邮　　编	100142	
印　　刷	唐山富达印务有限公司	
版　　次	2021 年 6 月第 1 版	
印　　次	2021 年 6 月第 1 次印刷	
开　　本	880 毫米 ×1230 毫米　　1/32	
印　　张	8.5	
字　　数	180 千字	
书　　号	ISBN 978-7-5139-3474-9	
定　　价	52.00 元	

注：如有印、装质量问题，请与出版社联系。

序言：个体崛起时代，如何才能高效赚到钱？

我的微信曾收到过这样一条留言："Angie，我在 2015 年就认识你了，这几年的时间里，我一直都在关注你的朋友圈，起初并不觉得你有多厉害，但一眨眼三年过去了，你是我的朋友圈里，无论是认识的朋友还是不认识的朋友里成长速度最快的一个，在我眼中，你是真正的人生赢家。"

被夸了当然是开心的，表示了感谢之后，自然也想再多聊两句。和她来回聊了几句，我问她："现在还有在学习精进吗？"她的回答是："这些年学了不少各种各样的课程。"我接着问："那你现在有没有把自己过往积累的能力进行变现？"她的回答是："还没有。"

我翻了一下她的朋友圈，也完全看不出来这些年她学习过什么，便问她："这些年有没有过比较特别的经历。"

她回答说："一直都在学习。"

我对她说："如果你愿意并且有兴趣的话，我给你发一个我的一门变现课程的介绍吧。如果你看完之后有想法可以给我留言。"

一个小时之后，她回复了我："我觉得我还没有准备好。"

我回了她一句话："是不是不相信自己能够通过过去几年的积累变现并赚到钱？"

又过了十多分钟，她回了我："是的。"

我问她："那你想尝试看看吗？"她回答我说："再等一等吧。"

一个人悄悄拔尖，一定能惊艳全世界吗？

答案是一定可以，但这一定是少数人，大概不到1%的比例。

大部分的情况是，一个人悄悄拔尖，然后就悄悄地沉没了。如果一个人根本就不敢亮相，那何来惊艳全世界呢？

我的私人穿搭顾问妮妮老师，在最开始要去学一门非常贵的穿搭导师班的课时，约了我两次，让我给她出谋划策她该怎样一边学习一边把钱赚回来。

我给她的建议是，把报课这件事情进行提前营销。因为她在学这门很贵的课程之前，大家对她的认知是：她很爱美，也有自己的审美标准，在穿搭方面有一定的基础积累。她可以在这个基础之上，试着做几款产品出来。

第一个产品价格可以定在99元，产品价值是，可以全程跟着妮妮来学习，妮妮会把上课期间的收获每天都分享到群里。

第二个产品价格可以定在599元，产品价值是，可以获得妮妮学成归来之后的一对一的顾问服务。

第三个产品价格可以定在999元，产品价值是，除了可以获得妮妮的一对一顾问服务之外，还会获得陪购服务，并且能获得一套衣服。

我鼓励她一定要这么做，这么做有以下几个好处：

第一，她会学习得更认真，因为她需要把学到的内容分享出去。

第二，她会吸收得更好，因为教是最好的学。

第三，她提前拿到做这件事情的回馈，信心会更足。一个人在短时间内得到了良性回馈之后，会更有动力继续做这件事。

第四，她还没有学完，就已经提前把大部分的学费赚回来了，这是她个人品牌打造过程中非常好的一段经历。

第五，她可以积累第一批种子用户。

妮妮学成回来一年之后，我们一起坐下来分析了她的同班同学的情况，发现她是她们班发展得最好的一个，并且除了妮妮之外，其他同学后来都没有再从事跟穿搭相关的事业。

每个人都可以问问自己，你会因为很了解一个人的成长经历才去为她的产品付费买单，还是从头到尾都不知道她是谁，当她突然站在你面前告诉你她很厉害，她有一款产品马上要推出时，你会为她买单？

我相信你一定会选择前者。

所以，我们为什么不能按照自己认可的逻辑去做呢？如果连自己这一关都过不了，就更不用说惊艳全世界了。

我们常说，你要"一鸣惊人"，你要默默努力，才能做到"十年寒窗无人问，一举成名天下知"。但现在已经到了个体崛起的互联网时代了，酒香更怕巷子深，更何况家家的酒都香，客户已经很难闻香而来了。你得不断地去发声，一切才会发生，所以，不要再只顾着闭关修炼了，要离开观众席，站上舞台，在战斗中学会战斗。

人生是场马拉松，踏踏实实地走好每一步，打开自己的思维，时刻提醒自己还可以为这个世界提供哪些价值。真正聪明的人在确定已经别无选择的时候，会努力把手中的牌打到最好，为下一次遇到新的机会时能再一次打出好牌做好充分的准备。

我从 2015 年开始才有了个体崛起的意识，那时候的我在一家"事少钱多离家近"的外企上班，第一个宝宝刚刚满 3 岁。因为他的出生，我有了想要变得更好的渴望，而当时我所在的外企，有十多万名员工，想要脱颖而出非常难。我不甘心自己的人生从此就一眼望到头，就开始琢磨怎样用下班后的时间去探索人生的更多可能性。

当有了想法之后，信念会随着想法加强。我非常坚信自己能活出更加出彩的人生。也就是在那个时刻，"打造个人品牌""个体崛起""斜杠青年"的概念开始在互联网兴起，我牢牢抓住了一个又一个红利机会，最终有了现在的人生状态。

相信会购买这本书的你，一定有高效赚钱的渴望。根据以往的经验，我有无数学员会以"没有时间"为理由而拒绝开启赚钱之旅，结合这个痛点，这本书将给大家带来三大维度的提升。

第一维度：在第一至四章，重点带大家提高人生效率。

第二维度：在第五章，重点带大家意识到时间价值的重要性，让时间更值钱。

第三维度：在第六和七章，重点带大家抓住属于自己的机遇红利，让赚钱进入正向循环。

你可能会问，为什么是由我来带领大家开启高效赚钱之旅？因为我有两个重要的标签，一个是赚钱导师，另一个是高效能导师。比这两个标签更重要的是，我创办了包括《时间管理特训营》《21天副业赚钱实操营》《价值变现研习社》《价值变现金牌导师授权班》《价值变现弟子班》《价值变现私董会》等一系列教育产品，成功带领无数人摆脱低效率生活，开启了高效赚钱之旅。

我们常说，人们永远都无法赚到自己认知之外的钱，所以，想要赚钱，先从改变自己的认知开始吧。

我要感谢每一位购买了这本书的人，也期待你能实现自己的梦想。准备好了吗？让我通过这本书，带领你开启高效赚钱的美妙之旅。欢迎关注我的微信公众号：Angie，关注后回复：赚钱，给你赠送一套赚钱课。

目录

第一章 >>>

高效人生篇：如何规划越来越值钱的人生蓝图

第 1 节　察觉：五个维度，了解脑海中的限制性思维 / 002
第 2 节　倒推：如何看到你的人生全景图 / 013
第 3 节　重新定义：四个方法，做自己人生的设计师 / 018
第 4 节　关键词法：生命中的高频关键词，隐藏着多版本的你 / 026
第 5 节　人生创意库：唤醒感受力，开创人生的无限可能 / 032

第二章 >>>

时间心态篇：清理心理障碍，重新审视内在状态

第 1 节　拖延心理：破除心理障碍，让你摆脱迷茫状态 / 050
第 2 节　内在驱动力：找到内在动力，燃烧你的小宇宙 / 056
第 3 节　战拖行动：三步走，带你秒变行动力达人 / 063
第 4 节　高效学习：摆脱无效，找到最适合自己的学习方式 / 069
第 5 节　自我取悦：每个人都要为取悦自己而活 / 075

第三章 >>>

行动赋能篇：自我赋能，给自己行动的内在能量

第1节　自我投资：学会富养自己，成为自信万人迷 / 084

第2节　情绪智力：远离内耗，一步步带你脱离情绪困境 / 090

第3节　人生清单法：让清单成为你的贴身行动管家 / 099

第4节　行动促进：自建有效的反馈体系，让行动更高效准确 / 106

第5节　自我奖励：懂得奖励，才是你成为人生赢家的关键 / 112

第四章 >>>

巩固复盘篇：巩固复盘，让人生进入正向循环

第1节　1+N 公式：人人都能学会的事业、家庭平衡秘籍 / 118

第2节　状态恢复：五种方法，让你快速恢复高能量状态 / 123

第3节　年度目标：人生年表，摆脱无法完成年度目标怪圈 / 129

第4节　破除迷茫：五个维度，带你与迷茫共舞 / 138

第五章 >>>

时间价值篇：如何让你的时间更值钱

第1节　发掘优势：先天发掘 + 后天发展，找到自己的优势 / 144

第2节　提升时薪：如何提升时薪，让时间更有价值 / 153

第3节　时间值：如何把一份作品卖出多份钱 / 159

第六章 >>>

赚钱时机篇：普通人如何抓住属于自己的机遇红利

第1节　自我认知：你是哪种状态，忙碌还是悠闲状态？／170

第2节　资源者：毕业早期依托企业平台，聚焦个人品牌／185

第3节　配置者：毕业三到五年，个人品牌标签化，转型多重身份／194

第4节　资本家：毕业五年以上，个人品牌模式化，搭建平台生态／202

第七章 >>>

赚钱体质篇：打造自己的赚钱体质，让赚钱进入正向循环

第1节　赚钱和自己喜欢的工作，到底哪个更重要／208

第2节　多渠道收入：月收入5万的正确打开方式／217

第3节　投资型思维：那些事业发展顺利的人都在持续投资自己／223

第4节　赚钱体质：主业工作具备什么样的特质更容易高效赚钱／230

第5节　三个案例：普通人、普通岗位的赚钱故事／234

后记：做金钱的朋友／251

第一章 >>>

高效人生篇：如何规划越来越值钱的人生蓝图

第 *1* 节
察觉：五个维度，了解脑海中的限制性思维

《斯坦福大学人生设计课》里提到，生活没有统一的模式，每个人也不是只有一种活法。它还提到，在人生设计的过程中，我们需要做到以下五点：

- ·保持好奇。激发你的探索欲，发现自己的兴趣所在。
- ·不断尝试。将目标付诸行动，不断尝试，切忌空想。
- ·重新定义问题。重新审视目前的状况，转换思维模式。
- ·保持专注。学会放手，专注于过程。
- ·深度合作。与他人合作，适度求助。

我在第一次接触到"做自己人生的设计师"这个概念的时候，觉得兴奋而激动。因为如果我们能够亲自去设计自己的人生，真

的非常有意思。但是，这并不是一件特别简单的事情，除了对自己有足够的了解之外，还需要破除头脑中总是认为自己年龄很大、能力不足等限制性思维。

我是一个 85 后，2008 年，我一毕业就失业，最后在深圳的人才市场找了一份月薪只有 2000 元的客服的工作做了起来，也因此误打误撞进入了互联网行业。在辞职成为自由职业者之前，我在一家互联网公司做运营总监，算起来我步入互联网行业差不多有 12 年的时间了。在 30 岁之前，我既非科班出身，也完全没有写作的功底，而现在居然写了五本书，而且每一本的销量都还挺不错的。

我还在不断进行很多新鲜的尝试，因为在不断突破人生的这些年里，我发现只要不自我设限，一切皆有可能。如果你自我否定或自我怀疑，人生只能故步自封。

当然，不是说破除了头脑中的限制性思维之后做的每一次尝试都一定能够成功，而是即便失败，你也不会退缩和放弃，反而会继续勇敢接受下一次的挑战。

破除头脑中的限制性思维，真的有那么重要吗？

我们来看一个故事：

岁月匆匆，有一对老夫妇结婚已有 50 年了，生活富裕的孩子们，正秘密商议着要送给父母一份特别的金婚礼物。由于老夫妇喜欢携手到海边享受夕阳余晖，孩子们决定送给父母最豪华的爱之船旅游航程，好让老两口尽情徜徉于大海的旖旎风情之中。

老夫妇拿着头等舱的船票登上豪华游轮，可以容纳数千人的大船令他们赞叹不已。船上还有豪华游泳池、豪华夜总会、电影院，等等，真令他们俩感到惊喜无限。

美中不足的是，各项豪华设备的费用皆十分昂贵，节俭的老夫妇盘算自己不多的旅费，细想之下，实在舍不得轻易去消费。

他们只得在头等舱中安享五星级的套房设备，或流连在甲板上，欣赏海面的风光。

他们怕船上伙食不合胃口，随身带着一箱方便面，觉得既然吃不起船上豪华餐厅的精致餐饮，那就以方便面充饥，间或想变换口味吃吃西餐，便到船上的商店买些西点面包和牛奶。

到了航程的最后一夜，老先生想想，若回到家后，亲友邻居问起船上餐饮如何，自己竟答不上来，也是说不过去。

和太太商量后，老先生索性狠下心来，决定在晚餐时间到船上餐厅用餐，反正是最后一餐，明天即是航程的终点，也不怕宠坏了自己。

在音乐及烛光的烘托之下，欢度金婚纪念的老夫妇仿佛回到初恋时的快乐。

在举杯畅饮的笑声中，用餐时间已近尾声，老先生意犹未尽地招来侍者结账。

侍者很有礼貌地请问老先生："能不能让我看一看你的船票？"

老先生闻言不由得生气："我又不是偷渡上船的，吃顿饭还得看船票？"嘟囔中，他拿出船票。

侍者接过船票，拿出笔来，在船票背面的许多空格中划去一格。同时惊讶地问："老先生，你上船以后，从未消费过吗？"

老先生更是生气："我消不消费，关你什么事？"

侍者耐心地将船票递过去，解释道："这是头等舱的船票，航程中船上所有的消费项目，包括餐饮、夜总会以及其他活动，都已经包括在船票内，您每次消费只需出示船票，由我们在背后空格注销即可。"

老夫妇想起航程中每天所吃的方便面，而明天即将下船，不禁相对默然。

我们是否曾经想过，在我们来到世界的那一刻，上天已经将最好的头等舱船票交给了我们。

是的，我们在物质上、心灵上，完全可以享有最豪华的待遇，只要我们愿意出示船票。

许多人在他的一生中，只是过着犹如借方便面充饥一般的生活。

这并不是他们没有船票，而是他们未曾想到去使用，或根本不知道船票的价值。

你已经拥有很多，你的敏感、自疑使你不敢、不舍、不愿用这张头等舱船票。

西方作家悉尼·哈里斯（Sidney J.Harris）说过：

"世界上 90% 的悲哀出自人们不了解自己，自己的能力、弱点，甚至是自身拥有的美德。我们大多数人对自己就像对待完全陌生的人一样走完了几乎整个一生。"

以前的我也会认为学习方法和技巧更重要，但是随着自己不断地深入学习，我意识到一个人只有思维发生了变化，一切才会跟着好起来。

本篇文章将会从五大要点带大家破除限制性思维。

首先，我们来到第一个知识点，从我们的行为模式中了解我们的限制性思维。

1. 从聊天形式中了解我们的限制性思维。

每个人都应该清晰地知道自己喜欢聊、喜欢听的内容，以及讨厌听、讨厌聊的内容分别是什么。

因为多多快要上小学了，我们买了个学位房，交房后房子要装修，在装修之前，我们请来了风水先生帮我们看家里的风水。风水先生看完家里的风水之后来我们家做客，因为我没有去现场，于是我在旁边留意听他们之间的聊天内容。

当我听完他们聊天之后，我发现风水先生在跟我家里人聊天的时候，一直都没有离开与金钱相关的主题。我能大致判断出，他们在看我们家风水时重点看的内容应该是与赚钱相关的。

果不其然，等到我老公下了班回来之后，我和他详细聊了一下，因为那天是我老公带着去的，风水先生在现场讲到了很多家里的风水该怎么做对赚钱会有帮助，还跟我们多次强调家里的窗帘一定要买金色的。

听到这里，我心里的想法是，我现在已经三十多岁了，除了看重金钱之外，我更看重其他的维度，比如家人的健康、家庭和睦，等等。

所以，后来我跟我老公交代：在这一点上，你们可能需要引导一下风水先生，我们家的装修除了对赚钱有帮助外，更多需要考虑的是家庭和睦和家人的健康。

在此之前我是不会关注得那么仔细的，我也不会通过听别人聊天的内容去察觉出一些比较独特的维度，但现在我发现，聊天真的是发现一个人行为模式非常好的方式。

建议大家在跟别人聊天或者是在倾听别人聊天的时候，可以关注一下听到什么样的聊天内容自己会觉得不舒服；听到什么样的聊天内容，自己会很想要参与进去。

尤其是让自己不舒服的内容，需要把它记下来进行思考：它为什么会让自己觉得不舒服，我担心什么？从中去发现自己平时留意不到的限制自己的思维。

2. 从我们常常拒绝的 No 事件中了解我们的限制性思维。

No 事件特别有意思。

我的个人微信常常会收到很多人主动添加为好友的请求，我们互相之间是不认识的，如果有人私信问我一些问题，简单的我都会回答。

有一次，有一个体制内的女生给我发了一条私信告诉我毕业后到现在 6 年的时间，一直在体制内工作，她在接下来 5 年的时间都只能待在体制内，不会离职。

我和她说：那你所有学习的计划就可以建立在待在体制内这个基础之上，我有不少学员即使待在体制内也开创出了精彩的人生。

她也没有进一步跟我解释原因是什么，但是一直强调自己无法脱离体制，所以很多事情做起来不方便，无论我怎样引导她即便在体制内上班也可以开启副业，她都完全不理会，就一直强调自己无法离开体制。

从我的角度看来，这是她拒绝改变的一种借口。

3. 从我们日常聚焦的事件中了解我们的限制性思维。

聚焦事件包含关注焦点和日常行为两个维度。

关注焦点特别有意思，打开一个社群，你会发现自己对社群中大家聊天的 A 内容不感兴趣，但如果一聊 B 内容时，你马上就会很有兴趣参与，如果发现有这样的情况，可以动手把这件事稍微记录一下，并问自己：为什么我会特别关注这件事情？

日常行为是这样的，当你翻开朋友圈，你的朋友圈里一定会有这样一类型的人，他总是会在朋友圈里晒自己有多厉害，如果一个人反反复复去晒自己很厉害，其实这个人是不够自信的。这样的人，你尽量不要追随他，因为他可能会夸大自己的效果，让自己在众人眼前显得很厉害。

你要追求的是那种从容淡定的人生状态，你可以把这个词放回到自己身上，观察一下自己，每天最享受做的一件事情是什么，这个享受是让人有一些上瘾的，是真正的放松自我。其实，真正的自信是自己给自己的，而不是别人给自己的。

4. 从行动障碍中了解我们的限制性思维。

我不太喜欢自己给自己贴标签，也不太建议大家总是给自己贴标签。从心理学的角度来讲，如果你总是给自己贴标签真的是没什么好处，说自己是一个拖延症患者或者说自己是一个懒癌患者，只会让这些标签在自己身上贴得越来越牢。

我给大家举一个日常可见的例子，不知道大家身边有没有这样的人，就是男女双方本来是对对方不感兴趣的，因为其他人总是笑话他们，最后两个人就真的在一起了。

其实，自己给自己贴标签也是会有这种效果的。所以，在行动障碍这一块，你可以去观察自己会不会老是自我否定，会不会总是认为自己做不到一件事情，有很大的可能性是你知道自己想要什么，但是因为种种原因，你不敢从头开始。

接下来，我们来到第二个知识点，当我们从行为模式中了解到限制性思维之后，我们该怎么做？

第一步：进行回想并记录我们的行为模式。

回想并记录是这样子的，比如说，你已经对行为模式的四个维度有了一些了解，你自己也会学习、看书，跟人交往。你可以带着这样的思维去做其他的任何事情，你在做事的过程当中会有相关的想法跳出来，这个时候你要做的就是把你联想到的点子马上列出来。

有时候，在当下或许你看不明白一件事情，但是因为有了这种意识之后，你再遇到类似的情况，可以回想起来自己之前在类似的一件事情上是有一些限制的，这个时候记得马上把想法记录下来。

举个简单的例子，我有个朋友在赚钱上一直有一些限制性思维，她是怎么发现自己的金钱限制性思维的？

一开始是通过察觉自己的行为模式了解到自己跟金钱之间的相处是有问题的，但一直也不了解问题究竟是什么，所以她开始有意识地在学习过程当中进行对号入座，希望有一天能想明白真正的问题究竟是什么。

突然有一天，她看到一篇文章上面写道，她之所以会觉得赚钱不好意思，是因为从小到大她的父母跟她讲，你的钱够花就好了，你不要总想着去赚更多的钱，赚更多的钱身体会不健康，你也会出问题的。

她突然醒悟，原来是她的父母给了她限制性思维，后来她跟比较亲近的人一起把这个情况聊开之后，现在的她觉得赚钱其实是一件很开心的事情，只要自己做的事情值得获得这些金钱收入就没问题。

第二步：面对和接纳我们的限制性思维。

我不知道大家有没有感觉，我们总是会更想要知道那些好像跟我们关系不大的事情，或者是更想要把未来的一些问题提前想清楚。要想面对和接纳我们的限制性思维，一个非常核心的要点是你要能够区分清楚哪些事情是完全没有办法改变的。

举个例子，我的身份是一个宝妈，小孩出生之后，我完全无法改变的是"我是妈妈"这么一个事实。所以，我会接纳这个无法改变的事实，在这个基础之上去规划我的事业和家庭生活，这才是正常的。

第三步：罗列和收集我们的限制性思维。

我们需要罗列两份清单，一份是无法改变的清单，另一份是把那些能改变的罗列出来。

除了把能改变的罗列出来作为指导自己行动的清单参考之外，那些不能改变的部分的边界也要不断扩大，让它不断成为自己能够控制的维度。

以第一个知识点中提到的五年体制的学员为例子。当你确定自己五年的时间内无法改变最主要的身份的时候，你要做的事情不是还在挣扎我们要怎么改变那个最主要的身份，而是除了这个身份之外，还有没有其他可利用的业余时间，用于提升自己的能力或者是挖掘兴趣爱好尝试去做副业。

第四步：在行动中突破我们的限制性思维。

经过了前面三个步骤，接下来我们需要做的事情是根据自己已经梳理清楚的思路去行动。在这个步骤，你会清晰地知道自己正在做的事情是什么，当然也会有一些试错过程，但如果一直都不行动，限制性思维也无法突破。

以上就是本篇文章的所有内容，我们来总结一下：

第一个知识点：从我们的行为模式中了解我们的限制性思维。

第二个知识点：当我们从行为模式中了解到限制性思维之后，我们该怎么做？

第2节

倒推：如何看到你的人生全景图

如果这个世界真的很好玩，你玩得很有意思，你会想要下线吗？

你喜不喜欢玩游戏？我身边有不少游戏爱好者，痴迷于玩游戏无法下线，如果你也有过这样的体验，你可以问问自己如何让自己在现实中也像玩游戏那么好玩？

你期待中的好玩的人生状态是怎么样的？你想成为什么样的人？如果你的头脑中能清晰地看到美好人生的状态是怎样的，你才更有可能活成自己期待中的样子。头脑有城堡，下笔如有神助。

为什么看很多的书、观很多电影、和很多人交谈、行万里路很有必要，因为有很多东西光靠肉眼是看不到的，那些看不到的东西其实就是自己头脑当中的限制，连想都想不到，怎么可能做到，只有想得到，才有可能去靠近。

倒推法是指看到你的人生全景图，这个方法适合那些思维不太发散的人。当你的脑洞大开的时候，倒推法的作用会慢慢变小。如果你持续在前进的路上，就会不断地出现你想要拥有的更多可能的人生全景图，当然，我们的人生全景图也是可以不断地得到丰富和扩大。

首先，我们来到人生全景图的第一步：全景描绘图。

最开始我们要想明白，我们可以从哪些维度来规划自己的人生。

我给大家一些大的维度的建议，通常情况下我会从以下五个维度出发：事业、家庭、健康、关系、财富。

针对每一个维度进行自由书写，再加上一些数字化、场景化、视觉化的描述。

以我自己为例子：

事业：以"价值变现大学"平台为依托，帮助100万人成功变现价值，过有结果的幸福一生。

家庭：伴侣关系为先，成为孩子的榜样，和睦温馨、干净整洁。

健康：肉体精良、骨骼清奇，不仅看起来很美，还要活得很漂亮。

关系：在所有的关系中均能保持人格独立。

财富：拥有赚钱能力以及不忘初衷的赚钱欲望，做着自己热爱的事情并顺带赚到钱。

当然，你也可以更具体，比如财富，直接写上自己想要实现的财富数字。

接下来，我们来到人生全景图的第二步：倒推式计划达成清单。

结合想要达到的人生全景图多个维度的目标，倒推写出计划达成清单。

可以从时间、资源、能力三个维度出发。

每一个不同的维度，需要完成的时间是多长，如果要完成需要具备什么样的资源和能力。

· 时间很好理解，可以是五年、三年，也可以是一年。
· 资源是指金钱、人脉等的投入。
· 能力是指需要具备什么样的能力，才能把我们的目标实现。

我们来到人生全景图的第三步：当下的行动计划步骤。

罗列好了计划达成清单之后，你需要根据计划达成清单去写出当下第一步的行动计划步骤。

举个例子，你发现自己的目标需要大量的时间才能完成，而当下又完全挤不出时间来执行，你的能力跟不上自己的野心，当下第一步的行动计划里，可以包含学习如何提高时间管理能力的计划步骤，这个就是你的优先级计划。

也不排除有部分读者是资源、能力都具备的人，那你需要做的是盘活自身的资源去助力计划的达成。

每个人的情况是不一样的，所以，每个人的达成计划清单跟当下行动计划步骤也都是不一样的。

我们来到人生全景图的第四步：踏出去，先去做。

比如，我的人生全景图里，我希望自己能每年写一本书，我需要提前至少半年就为明年出版上市的书做好行动上的准备：联系出版社、沟通好选题、签约、开始写书、交稿等流程。

我们来到人生全景图的第五步：复盘、升级、优化你的人生全景图。

在探索自我成长的这些年，我有一个深刻的认知，真正好的人生不是规划出来的，是活出来的。也就是说，无论我们的人生全景图规划得多么详细，别忘了给它留些空间，因为当你真正行动起来，所有的一切都会朝着自己想象不到的美好方向发展，我们要做的是不断复盘和优化升级人生全景图。

当然，我们整本书其实都是在为人生变得更美好做准备，如果学会用倒推法去规划出自己的人生全景图，再加上不断复盘和优化升级，你会拥有好到不想和任何人交换的美好人生。

以上就是本篇文章的主要内容，总结如下：

第一步：全景描绘图。

第二步：倒推式计划达成清单。

第三步：当下的行动计划步骤。

第四步：踏出去，先去做。

第五步：复盘、升级、优化你的人生全景图。

第 *3* 节

重新定义：四个方法，做自己人生的设计师

你试过在微信上抢红包吗？如果有，当你抢到 10 多元的红包的时候，你内心的想法是什么？

会不会是——"哇，我抢到了一个大红包。"

如果有人在现实生活中递给你 10 元，你会接吗？你的感受是什么？

为什么地上的 10 元钱你未必会捡，微信红包 1 元甚至是 1 分也要抢？

前者 10 元是传统的已知，后者 1 元甚至是 1 分是互联网场景下的未知，我主动去点开那个红包，我主动行动了，它是一种未知的惊喜。

这就是重新定义的力量，这个时代属于那些敢于重新定义自己、做自己人生的设计师的人。

人的一生只有一次，你要想尽办法去过上自己喜爱的生活模式。

如果有方法在找到自己最想要的人生模式之前，去体验过更多袖珍版本的人生可能性，选择和试错的成本会大大降低，你就拥有了主动设计自己人生的权限。

我们来到第一个知识点：模拟游戏。

模拟游戏有很多种类型，像市面上大家能够看到的现金流游戏、心理剧等，这些都算是模拟游戏。

有些读者可能会好奇，这跟旅游是一样的吗？当然不一样。

旅游是人生的片段，模拟游戏是把自己的人生现状缩到几个小时去真实地进行感受。

和看电影也是不一样的，即便我们代入感觉去看一部电影，也无法真切地去体验，毕竟整个电影的走向不由自己操控，而模拟游戏，就是 Mini 版本的做自己的人生设计师的一次体验。

以玩现金流游戏为例：

我在第一次玩现金流游戏时冲击很大，在一开始的时候，我把所有的注意力都放在现金流上，我觉得要把更多的现金掌握在自己手上，我想要赚很多的现金流。我在想，这个游戏名字就叫现金流，那肯定是要拿住更多的现金流。

玩到中间，突然发现这样是不对的。

所谓的现金流不是现金在你手上，而是通过自己的努力，让钱生钱。

钱留在我手上，它是会贬值的。但如果我用自己的现金来投资房产，比如我投资了几套房子，我的房子款项已经全部付完，没有任何的贷款，并且我把它租了出去让我有了收入，这才是真真正正现金流的流动。

我第一次玩现金流游戏的时候，完全犯错了，但是我发现自己犯错后愿意马上行动起来改进，改进之后很快就跳出了现金流游戏中有一个叫作"老鼠圈"的陷阱。

现在很多城市都有现金流游戏的组织者，建议大家多去体验类似的活动。

其实，徒步活动也是一种模拟游戏，可以大大考验一个人的耐力。

现金流游戏是属于财富金钱观的一种模拟游戏，偏向脑力类型；而徒步活动则是属于体力类型的活动。

我们来到第二个知识点：内观禅修。

生命中至少要有一次和自己全然相处的机会，我在 2015 年的国庆节去参加了一次为期 10 天的内观禅修活动，来了一次心灵的静修。

和日常生活比起来，内观禅修有以下五点独特之处：

·每天早上 4:00 起床，晚上 9:00 熄灯睡觉。

·每天过了中午 12:30 就不再提供任何食物，而且中午的食物全部都是素食。为了防止大家低血糖，傍晚 6：00 还是会有一些红糖水供应，我每一次都会喝，真的是饿啊。

·整个内观期间完全不能讲话，不能打电话，不能和同学、老师、助教交流；除了不能讲话，还不能有眼神交流。

·每天打坐 12 个小时，有的时候是冥想，有的时候是纯粹打坐。

·不可以以任何的形式写下一句话，也就是我只能靠内心去体会这一切。

中国有很多地方都有闭关禅修的公益活动，大家直接在百度上输入"禅修""内观"等关键字，就可以找到非常多的消息。

我选择的是我的老家梅州千佛塔的内观活动，因为其他地方的内观禅修我根本就抢不上，但这个相对好一些，也表明真的有非常多的人对内观禅修感兴趣。

申请时间一般是提前至少数个月，在我的印象中，我是提前了三个月。

你问我有多少人完全坚持下来了？不超过 50%，我是其中之一。

究竟有什么样的收获，大致是这样的：

结束之后的第一件事情是领回自己的物品，拿到手机第一件事情是给刘先生打了个电话。

接通的那一刻有一种恍如隔世的感觉，那种感觉真的很奇妙，有限的人生本来就只有一次，而那一刻我觉得自己好像过了两辈子，我的人生长度仿佛被拉长了。

我问刘先生，多多（我儿子的名字）想我吗，刘先生告诉我，好像几乎没有怎么提起过我，应该是忘记想我了。另外还有一个细节，我迫切地打开我的微信号，你猜有多少人找过我。我现在能想起来，只有一个人找我，因为对方也回老家了，她想约我在老家见面。

我突然觉得挺好玩的，总觉得很多人会在意我们，事实上并没有。所以，别把自己太当回事，每个人都有自己的生活要过，对于别人来说，你真的只是个过客而已。由此也证明，我们要把更多的注意力放回自己的身上，而不是放在跟别人比较上。也许就是从内观结束打开微信发现没有人找我那一刻开始，我不再像从前那样在意别人的目光。

和自己相处其实真的很难，整个过程没有手机、不能跟别人讲话，每天只能跟自己相处，一开始头脑中的想法非常混乱，后来因为确实没有其他事可干，我好像被带领着回到了过去，把很多问题都想了一遍。

那些心中无法释然的人事物在那段时间被迫想明白了，在最后一天，我真的大哭了一场，不是因为什么悲伤的事情，而是跟过去的自己告别，跟那个不自信、总是自我怀疑的自己告别。

那次内观禅修活动，让我在往后的人生里逐渐想明白自己想要的是什么，去主动拥有自己理想的人生状态。

我们来到第三个知识点：冒险基金。

如果未来的你想成为自己人生的设计师，那么就需要现在做好准备。这个准备中非常重要的一项是，做好金钱上的准备。

有很多人想要去追求自己的梦想人生时，却发现自己囊中羞涩，现实完全撑不起自己的理想。

冒险基金是什么意思，就是未来我要冒险做一件事的时候，我有足够多的资金底气去做尝试。冒险基金如果从简单粗暴的角度出发，就是指金钱。

该如何存冒险基金，就有点像基金定投，每周也好、每个月也好，存一定比例的金钱到冒险基金账户中去。比如说每个月存500元，一年就有6000元，不知不觉间，你就拥有了一笔还算拿得出手的资金。

如果从更广义的角度出发，冒险基金除了金钱之外，还可以是冒险合伙人、冒险项目收集、冒险时间等。

冒险合伙人是指有意识地物色一些未来有可能和自己一起去尝试一个新项目的人。

冒险项目是指等到要踏出那一步的时候不会迷茫，有一份平时收集好的项目清单，打开就知道可以去做哪些尝试了。

冒险时间可以固定下来，比如说每半年，就一定要参加一次模拟游戏、游学等冒险项目里的项目。

其实当我们有了一系列的冒险准备后，就相当于在我们的心里种下了一颗想要去冒险的种子，它每天都在发芽，终有一天会破土而出。

我们来到第四个知识点：杂志总编辑。

我非常喜欢的一本杂志，叫作《悦己》。

到现在我家里还有不少《悦己》杂志，每一次最喜欢读的是杂志总编辑写的卷首语，读起来满心欢喜。

我也猜想过，总编辑是如何带领着整个团队把一本又一本的杂志设计出来，倾注了多少心血。

如果把我们的人生也比喻成一本杂志呢，如果恰好我们的身份是这本杂志的总编辑，我们应该怎么做？

我相信每个人应该都看过杂志，如果真的没有看过杂志的，建议大家买一本回来看看。你可以试试看以总编辑的角度去看这本书，然后再设想自己是自己人生的总编辑，如何设计这本人生杂志，才能让自己怦然心动，同时，也能让读者愿意翻阅。随着一期又一期的杂志出版，逐渐拥有自己的独特风格。

我们可以从健康、金钱、工作、幸福等角度去设计一本杂志，文字、图片的比例如何，去想象、去从自己喜欢的杂志上剪辑一些喜欢的画面下来。

以上就是本篇文章的主要内容了，我们一起来总结：

第一个知识点：模拟游戏。

第二个知识点：内观禅修。

第三个知识点：冒险基金。

第四个知识点：杂志总编辑。

第 4 节
关键词法：生命中的高频关键词，隐藏着多版本的你

如果你不喜欢现在的自己，就请重新定义你自己。

本章开头的第一篇文章，带大家一起分析究竟是什么阻碍了我们的行动，我相信有不少读者会想要行动起来。如果你发现自己有很多想法想去探索，结果家人总是不支持，怎么办？表面上看起来，是因为家人的不支持，背后的因素会不会是怕自己去做这样的选择？因为做出这个选择意味着你可能会碰壁，会"头破血流"，而家人也有同样的担心。

如果是这样，我们要做的是加强自我认知和跟家人的沟通。再比如，如果你想要去探索副业，却犹豫不决，表面上看，似乎是你不知道该探索什么样的副业，但真正的卡点是，你担心副业会影响到主业。如果是这样，你应该把注意力调回到主业上，把正职工作做得更好。

所以，你会发现，很多事情我们没有去做，其表面上的阻碍和真正的原因，大部分时候其实是不一样的。

其实这些都是我们的人生行为模式，单一来看，好像相互之间没有什么联系，如果你学习了本篇文章，可以试着圈出生命中最常出现的一些关键词，来找到多个版本状态的自己，试着调整一下，做自己人生的设计师。

如何圈出生命中最常出现的关键词？这些关键词一定是跟自己想要做什么事、想要拥有什么样的人生有关。

比如，你想要成为时间管理达人，或者看起来很美的人，或者一个思维能力很强的人，这些跟你想要成为一个很厉害的人之间是有区别的，前者是更具体的，后者是一个很虚的很大的词。千万别用"很厉害"这样的词去定义自己或者作为问题向别人提问，因为你问任何人，答案都是一样的。试问，谁不想拥有一个非常幸福、成功、厉害的人生？

更何况，我们每个人对幸福、厉害的定义是不一样的。所以，你需要圈出的是你自己头脑当中高频出现的有关幸福、快乐、有意义的人生关键词。

对于有些人来说，这个人生关键词是"我要赚很多的钱"，而其他人则可能是"我想帮助很多的人""我想把自己作为母亲、女儿、伴侣的角色发挥到极致"等，每个人是不一样的。

所以，要想圈出高频关键词，首先要确认你自己想要成为哪种人，然后用对应的那些词来进行描述，这些词是否会常常出现

高 效 变 现

在你的生命当中。

首先，找到人生高频关键词有两个方法：

第一个叫作记录法。

找一个相对内心平静的时间去回忆自己的过往，比如过去五年的时间或者是三年的时间，你把能形容自己的词写下来。

如果写不出来，可以通过询问身边的同事或者朋友的方式，让大家来形容自己，借此启发你写下很多关键词。在写的过程中你不要去想这个关键词符不符合现状，或者是不是自己真实已经达到的状态，而是不断地去回想，再把它写下来，不要管是不是重复，也不要停止，只管写下来。

写下来之后，再把那些意思相近但表达方式不太一样的关键词圈出来。比如开心、快乐、愉悦，其实表达的都是相同的意思，保留一个即可。

第二个叫作计划法。

计划法就是当你无法从过去了解这些词及真实发生过的故事版本时，你可以试着去规划自己的未来，可以结合本章第二篇写到的人生全景图。当你接触到一些别人身上的关键词的时候，你觉得很开心很心动，也可以马上记录下来。

我自己曾经就用这个方法记录自己每天最常出现的关键词，

我会发现出现在我身上最多的一个词是：时间。所以，现在时间管理是我最重要的一个标签之一。

在把关键词通过回忆和记录圈出来之后，我发现，在我身上出现的关键词并没有自己想象中的那么多，而且这些高频关键词还会随着时间的迁移而发生变化。

我们也可以对这些高频关键词进行分类，比如，可以分成工作当中、生活当中、个人成长方面等多个维度。

如果你是第一次听说高频关键词的概念，也是第一次回忆生命中的高频关键词，我的建议是不要分那么细，分得太细的话，在写的过程中思路会受限。当然，如果你的逻辑和条理本来就很清晰，分得细的好处是你会针对每个场景做对应场景的想象，这样写出来的关键词会比较多，这时，不同的场景之下会反复出现的关键词，就是你的高频关键词了。

好的人生是没有对错跟好坏之分的，而是你知道自己的标准是什么，你靠近自己的标准，这就是最棒的人生。

我们再来举一个例子：

当我说到年龄的时候，你头脑中跳出来的关键词是什么？

是年龄太大了，还是跟年龄有什么关系？

再换一个问题，我问你，如果你刚好和我一样是妈妈，你有过因为自己是妈妈这个身份而放弃一些机会吗？还是你会因为你是妈妈而更勇敢地去做更多的尝试。

世俗意义上对妈妈的身份的正常定义是：带好小孩，把工作做好就好了。

而新时代女性对妈妈身份的定义是，我是妈妈，我要更爱我自己，成为孩子的榜样，活出自己独立的人生状态。

当然，还是那句话，如果你喜欢而且享受有关妈妈旧版本的定义，那就继续喜欢和享受就好了。但如果你是不喜欢和不享受的，试着找出自己的真实想法，找到你头脑中有关妈妈的高频词，你才能冲破限制。

接下来我们来讲，如何通过高频出现的关键词引导正确版本的自己。

我们常常能听到的高频关键词：变成更好的自己。

所有来看这本书的人，我相信肯定是想看看我是怎么样活得越来越好的，但我们还要关注的是，如果让你变成更好的自己，你的状态是怎么样的。

我从大概率事件把这个答案分成两个维度：

· 一个维度是我想要变成一个更好的自己，但是我还没有变成更好的自己，我很焦虑。

· 另一个维度是我知道自己怎么做能够变成更好的自己。虽然，时间可能会有点长，但是听到这句话的时候，我整个人的状态是愉悦的。

如果说你符合后者，那你可以常常用"我想要变成更好的自己"来激励自己。

如果这样一句话让你焦虑了，那就暂时不要用这句话对自己施加心理暗示。你可以先把焦点放在每天做的事情上，通过行动去践行，得到好的结果后再引导自己变成一个更好的自己。

以上的例子其实就是从正向和反向来使用我们的高频关键词。简单来说就是一句话，如果使用高频关键词会让你不舒服，那就暂时不要这么想了，可以试着反过来想。但如果正向理解某个高频关键词还挺开心的，那就要问自己怎么做才能够符合自己的想象。

这其实是两个非常简单的方法。这个方法看起来很简单，但如果你能养成这个习惯，渐渐地，你以后就不需要每天都问自己了。因为，你每一天凭直觉就能够知道自己该怎么做，才能遇到更好的自己了。

还有一个更简单的方法，大家可以去试试看，当你发现自己处在不舒服的状态时，你问自己："我现在不舒服，反过来想会是怎么样的呢？"

如果你发现自己反过来想是很愉悦的，那就把注意力放在"如何做才可以维持这种愉悦的状态"上。

以上就是本篇文章的主要内容了，总结如下：

第一个知识点：找到人生高频关键词的两个方法。

第二个知识点：如何通过高频关键词发现真实的自己。

第 *5* 节
人生创意库：唤醒感受力，开创人生的无限可能

有一次，我受邀到一个微博大 V 的群里做分享，分享结束后，有不少群里的同学添加了我的个人微信。

大约过了一个星期之后，我收到了其中一位同学的留言，留言是这样的：

"Angie 老师，在过去一个星期的时间里，我把你的公众号、书，还有朋友圈全部都看了一遍，经过再三确认，你就是我一直想要找的那个榜样。

"我和你一样是职场妈妈，不一样的是，我的人生只有家庭和工作，圈子太窄了，你的存在让我对我的未来充满了无限的憧憬。我对你充满了好奇，你的人生太有创意了，在接下来的日子里，我要全线跟着你好好学习。"

我已经不是第一次收到类似这样的留言，一些已经跟着我在

线上学习了一段时间，后来又在线下见面的学员同我聊天，他们说见到我的时候第一感受是：小小的身体藏着巨大的能量。

因为形象照的原因，从网上看来我好像一个很高冷的女人，于是总有人在见了面之后直呼：小小的身体散发着巨大的能量。

只要你唤醒自己的感受力，开始去搭建和丰富自己的人生创意库，你的人生也可以跟我一样拥有无限的可能性。

正常情况下，我们是通过亲身经历去丰富自己的人生体验，事实上，只要我们打开所有的感受力，有很多人生体验未必需要自己亲自经历，借由他人的体验，也能丰富我们自己的人生。

接下来，我将带着大家从 10 个维度去学习如何找到人生创意库。

第一个维度：从书中找到人生创意库。

我很喜欢阅读，看过我《学习力》一书的读者，对我怀孕期间看 300 本书的故事应该不陌生。其实我从大学时期开始就很爱阅读了，毕业后的前三年，因为工作很忙，我丢掉了这个好习惯，后来怀孕了，因为无所事事，我重新把这个习惯捡了回来。非常庆幸，当时把阅读这个好习惯重新捡了回来。

如果是要从书中找到人生创意库的灵感，最适合读的书的类型是人物传记，但阅读人物传记需要静下心来慢慢品。

我发现很多人总是追求阅读上的速度，但大家有没有发现一个很关键的点，当你在看别人文章的时候，你会惊叹：

为什么这个人总是能够举出某个名人说的一段话，或者是从书里摘抄一些片段出来，而自己不行。

因为你在阅读的时候是为了完成看书这个举动或者是为了追求快速阅读，真真正正想要从书中吸收知识的人不会过分地追求快，而是会很认真地从不同的维度去研读，真正地读懂一本书。以阅读传记小说为例子，你可以带着这几个问题去读：

· 主人公为什么做了这个决定？

· 主人公的人生关键节点发生在什么时候？

· 是什么样的原因，让主人公成功或失败？

· 如果我是主人公，我会怎么做？

试着把自己代入主人公的角色里面，在他人的人生里去经历选择和成长。

举个例子，我很喜欢费曼先生有趣的一生，他是：

一位科学家，对所有关于动脑筋的事情都充满兴趣，魔术、开锁、解密码、猜谜、心算、赌钱……对兴趣的不断追逐，让这位怪才的生活成了无数人的梦想。

因为看了和他相关的书和文章，我了解到原来一位科学家还能活得如此有趣。

再比如廖辉英对三毛传奇一生的描述：

愿你过一生，抵得上别人好几世。生命的意义，或许你的诠释比较美丽。

大学时，在学校图书馆，我把能借到的三毛的所有书都读了一遍，对三毛传奇的一生充满了好奇。喜欢三毛，纯粹是从阅读她的作品开始，从她的作品中感受到了她所拥有的浓度、宽度、密度都很高的一生。

三毛的父亲陈嗣庆是这么评价三毛的：

我女儿常说，生命不在于长短，而在于是否痛快地活过。我想这个说法也就是：确实掌握住人生的意义而生活。在这一点上，我虽然心痛她的燃烧，可是同意。

从人生的长度来说，三毛的一生确实是相对短暂的。但从人生的浓度、密度、宽度来说，她拥有的才是淋漓尽致的一生。

庆幸自己喜欢阅读，才发现"书中自有黄金屋"。

第二个维度：从电影中找到人生创意库。

我很喜欢看电影，除了享受观影本身，更喜欢的是收集他们的生活方式和活法态度。电影有巨大的魅力，往往是仅仅两个小时的时间，却浓缩了一个人人生当中非常重要的一段时刻，甚至是一个人的一生。

电影《最后的假期》我看了好几遍，实在是太喜欢了。

由"黑珍珠"奎恩·拉提法饰房电影中的女主，她被误诊了，医生告诉她时日不多。

如果生命已经面临了倒数的状态，你最想做些什么？胡吃海塞、尽情地享受一下生活？

片中的奎恩·拉提法是一个勤恳的烹饪用具推销员，自发觉来日无多后，她便决定来一场此生了无遗憾的捷克豪华游，吃大餐、住海景别墅，找一找富贵的感觉，在畅享人生的同时，其乐观的天性也时刻感染着周遭行色各异的住客。

我爱极了这段剧情，看得非常投入和享受，她就是我眼中非常有趣的人。

另外还有一部电影《遗愿清单》：

老富翁爱德华·科尔近年来在公立医院的私有化改造事业中获利颇丰，他为节省成本，规定病房"一房两床"的做法颇受非议，但性格强势的科尔不以为意。

岂料他不久被检查出罹患癌症，本欲入住单人病房的科尔在舆论压力下只得与另一位病人——老卡特同处一室。

汽车修理技师老卡特博闻强识，将三个子女培养成才，但代价是牺牲了年轻时要做历史教授的梦想。

曾经结婚多次如今却孤身一人的科尔逐渐对卡特产生了兴趣，两位老人在病房中结下了友谊。

科尔偶然发现了卡特的"遗愿清单"，他决定运用自己的力量，让那些纸面上的疯狂构想一一实现，去发现人生的真正意义。

如果你现在就有很明确想做的事，那么就果断地给这件事排出时间来。如果这件事对你来说是尚未可知的，那么果断地给自己的人生留白，去做尽可能多的尝试。

我在看电影时，看到很感动、很有感触的地方，会暂停电影，拿起准备好的笔在纸上写上我的感受。我也会问自己，如果我来刻画这样一个人物形象、这么一个故事桥段，我会怎么样去设计。

第三个维度：从电视剧找到人生创意库。

相对比而言，我看电视剧是比较少的，但也有不少剧给我带来了启发。

相对比数十集甚至是上百集的电视剧，我更喜欢看短剧，比如日剧《卖房子的女人》。该剧讲述了不动产营业员三轩家万智不对任何客人谄媚，却通过帮助客人实实在在地解决生活中的问题，从而卖出房子的故事。

看完后被女主的气质深深吸引，在她眼中，没有一套房子是卖不出去的，因为她发自内心地想帮客户解决买房的问题。

剧如人生，人生如剧。

其实我在看人物传记、电影或者看剧的时候，用的都是类似的人生创意库思路。

如果是我感兴趣的人物角色，我会梳理整个角色的发展：整条主线是什么、最关注的细节是什么，观他人的阅历，过自己的人生。

第四个维度：从综艺节目中找到人生创意库。

综艺节目里，我最喜欢看的类型如下：

1. 表达类：《脱口秀大会》《吐槽大会》《奇葩说》

2. 人物访谈类：《十三邀》《女人 30+》《鲁豫有约》系列

3. 真人秀类：《妻子的浪漫旅行》《中餐厅》

想起看台湾地区的综艺节目《文茜大姐大》采访杨定一，文茜在节目中问来访嘉宾关于死亡的看法，嘉宾回答道："我并不惧怕死亡，对我来说，每一刻都是死亡与重生的交替。"

他脸上的表情，满是对自己当下生活的无限满足。

杨定一是长庚生物科技的董事长，一个抛却商人身份，痴迷探寻生命初心的老师。

15 岁时，他在巴西全国高等学校招考中，以第一名的成绩考取巴西利亚大学医学院，一时成为巴西的新闻人物，报刊、电视连续报道一月有余。

后来，他进入美国洛克菲勒大学深造，他不仅是那里最年轻的双博士学位持有人，也是第一个半年修完博士学位的创纪录者。

杨定一表示："一生想做的事，当下放下就去做吧，对不对？可以做多少就做多少，也不要有成功失败，非要追求什么目标的观念，把全部（这些观念）丢掉，这样子一个人活得快乐！"

类似这样的节目，总是可以给我很多启发。

当大家看了这篇有关搭建人生创意库的文章后，我相信会有一些读者觉得这样活着是不是太累了，我单纯看个电影、追个剧不可以吗？当然可以，但是不是也可以尝试一下我建议的方法呢？

一个最有发言权的人，是经历过多种人生可能性的人，有了经历，才有真正的发言权。

第五个维度：从社交媒体中找到人生创意库。

什么是社交媒体，百度百科是这样解释的：

社交媒体（Social Media）指互联网上基于用户关系的内容生产与交换平台。

社交媒体是人们彼此之间用来分享意见、见解、经验和观点的工具和平台，现阶段主要包括社交网站、微博、微信、博客、论坛、播客，等等。社交媒体在互联网的沃土上蓬勃发展，爆发出令人眩目的能量，其传播的信息已成为人们浏览互联网的重要内容，不仅制造了人们社交生活中争相讨论的一个又一个热门话题，更进而吸引传统媒体争相跟进。

我自己常用的社交媒体包含以下平台：

1. 微博
2. 微信生态圈：包含公众号、朋友圈、社群及视频号
3. 小红书
4. 知乎
5. 抖音

可以从每个平台挑 3~5 个特别关注的博主，看对方表达的观点、评论处的互动，从中了解对方是如何思考问题的，对方在面对抉择时如何做选择，以及对方的人生活法如何等。

我自己挑这些博主的标准很简单，就是看着顺眼、喜欢就好。每个人可以根据自己的标准进行选择。

第六个维度：从上课中找到人生创意库。

知识付费盛行的年代，人人都成了终身学习者，我也不例外。

这些年我参加过的线上线下课程，比往年多了不知道多少倍。

最开始上课的时候，我的思维认知还停留在好好听课上，以及听完课后怎么把课程的知识转化成生产力。

后来我发现，学习课程知识只是上课的一个部分，更重要的

是我融入了爱学习的圈子之后，多维度地从这个圈子吸收能量，从丰富人生创意库的角度出发，我们可以这么做：

1. 了解主讲老师的人生故事；
2. 询问圈子内同频率同学的人生故事；
3. 认真学习主讲老师授课内容里的案例故事。

有了这些学习的角度之后，我发现光是上个课，我就能收集到不少有创意的人生活法。

建议爱学习的你，不要再只是把重心放在课程的吸收上，分点注意力到其他人的人生故事上。

第七个维度：从社交活动中找到人生创意库。

我很喜欢参加高能量圈子的社交活动，有一次我参加了一个线下私董会活动，每一个参加会议的人的公众号或者是微博的粉丝起码要在一万以上，我们每个人都会分享自己最擅长的商业模式，并拆解给现场的大家听。

我喜欢把社交活动分成两种类型：一类叫作输出型社交，另一类叫作输入型社交。

输出型社交是指参加活动的过程中更大比例在消耗自己，这种消耗有可能是因为你被迫出席此次的社交活动，也有可能因为你是这一次的主角，大部分的时候要由你来表达和展示，但其实更有滋养的是输入型社交。

输入型社交是指有一定门槛的社交活动，这个门槛可以像我开头提到的粉丝数门槛，也可以是相对高一点的付费门槛，甚至是筛选机制的社交活动。

因为参加活动的人旗鼓相当，大家交流起来会收获颇丰。

我建议大家以后在从事社交活动的时候，一定要把握输出型社交和输入型社交活动的比例，分享的同时，也别忘了从别人身上吸收能量。我还有许多次在输入型社交活动中和参与者谈成合作的经历，推进的项目流水破百万，这才是真正有效的社交活动。

当然，无论是参加输出型社交活动还是输入型社交活动，别忘了搭建人脉和了解他人的人生活法，切忌滔滔不绝地讲述自己过往的成就，倾听能力是社交活动中最重要却最容易被忽略的能力。

第八个维度：从广告中找到人生创意库。

我特别喜欢看广告，尤其是一些创意广告。

像 OLAY 的广告，有非常多个版本我都很喜欢，给大家分享OLAY 广告的文案：

OLAY 励志广告——年龄，不是你的理由！

你今年多大了？

面对这个问题，你的回答是否会略有迟疑，心中反复思虑是否要说出那个年龄数字。而有一群女性却可以这样自信地回答，她们坚信定义女性的数字从来都不应该是年龄。

经历周遭对自己"太晚开始"的质疑，她目光坚定、毅然前行，如今在模特、演员、主持人的身份里游刃有余，如今的她可以自信地说：没有太晚，只有不做，眼前时光正好。

宋茜"我今年 9 了"。

曾经的出道之路满布荆棘，前途未卜，但她从不懦弱放弃，扎实积累每步脚印，如今的她可以从容地说：年龄是不再比较，只跟自己比赛。

何穗"我今年 52 了"。

做模特吃的是青春饭，走秀生涯还能走多久？面对人生未知的一切，她选择无畏无惧、迎接每一个人生机遇，如今的她可以勇敢地说：我不知道未来的路是怎样的，但我坚信没有什么是做不到的。

高圆圆"我今年 24 了"。

结婚意味着应该更稳定？而她却想做更疯狂的事情，不满足的人生被不同的新尝试填满充实，如今的她可以骄傲地说：原来现在就是最好的时机，把握现在就可以做得更好。

关于人生的数字有很多，年龄数字能够记录人生站点却无法定义其轨迹方向，无论是舞台上闪耀的明星艺人，还是每天为温饱奋斗的普通人，都有着属于自己记忆深意的数字。

自己的人生，取决于你想成为什么样的人！

光看文案感触还不那么深，欢迎大家关注我的公众号（ID：angie20160120），回复：广告，即可看到多个 OLAY 高能量励志广告。

在看到自己喜欢的广告的时候，别忘了多一个收藏的动作，在能量低的时候可以拿出来看看。

第九个维度：从朋友圈活法找到人生创意库。

我会在微信上星标部分好友，星标的标准就是我特别喜欢看对方的朋友圈。

我知道有一种说法是，朋友圈的活法是虚假的，大家隐藏了酸苦辣，只保留了甜的部分。

但我却特别欣赏那些把朋友圈活得热气腾腾的姑娘们，也很感谢这些姑娘们的持续更新，让我足不出户，就可以看到了人生的更多可能性。

我不太介意真假，因为我本身就不虚荣、不造假，当你自己的内心清澈透亮，看到喜欢的自然就会留下，不符合价值观的看到了也不会去批判，一滑而过就好了。

我有不少朋友辞掉了工作去全球旅游，我佩服对方的勇气，而我暂时没有这样的计划，那就随着她的朋友圈环游全世界就好了。

我也有一些朋友的朋友圈，更新的状态全和商业有关，我会在事业热情有所消退的时候，去翻翻对方的朋友圈，嗅到商业气息，重新拿回创业热情。

我还有一些朋友的朋友圈，生活气息非常浓厚，美食、美景精致照片的分享，光是看看就很美好了。

那些能在某种维度上刺激到自己的朋友圈，权当是沙丁鱼里的"鲇鱼"。

挪威人喜欢吃沙丁鱼，尤其是活鱼。市场上活鱼的价格要比死鱼高许多，所以渔民总是千方百计想办法带活沙丁鱼回港。虽经种种努力，可大部分沙丁鱼还是会在中途窒息而死。

后来，有人在装沙丁鱼的鱼槽里放进了一条以鱼为主要食物的鲇鱼。沙丁鱼见了鲇鱼四处躲避，这样一来缺氧的问题得到解决，大多数沙丁鱼都活蹦乱跳地回到了渔港。这就是著名的"鲇鱼效应"。

第十个维度：从旅游中找到人生创意库。

"生活在别处"这个概念很诗意，而旅游就是偶尔出离自己的日常生活状态，一种非常好的让自己"生活在别处"的方式。

游学是我近两年才有的一些想法，就是在旅游的时候不仅仅是去吃好吃的，也不仅仅是到那个地方打个卡。我会深入地去了解一些当地的状态。我记得我去云南的时候最喜欢去的一个地方，就是云南当地的一些农贸市场，他们在卖一些当地的特色产品，这些产品是你在超市里看不到的。你只有在当地很偏僻的角落才能够发现这样一些小物品，或者是一些你从来没有见过的水果，这个是我特别喜欢的。

另外给爱旅游的小伙伴一个小小的建议，如果你真的想通过旅游去为自己的人生创意库做一些滋养，你还可以在出发前去了解一个国家或者城市的最出名的人会有哪些，在什么时候会有什么比较大型的活动，在旅游的过程中留心去观察这些细节。

比如，你在旅行中可能刚好遇到泼水节或者是其他的类似节日，你可以有意识地去参加这些活动，体验当地的民风民俗。

这些年里，还非常流行一个新的旅游方式，叫作"游学"。

"游学"指离开自己熟悉的环境，到另一个全新的环境里进行学习和游玩，既不是单纯的旅游也不是简单地学，而是在学习之中体验人生，在体验当中学习。游学的本质是文化的融合，是协助自己开阔视野，培养国际观和树立世界观的一种绝佳方式。

有一句话叫作：去哪里旅游不重要，跟谁去才重要。

游学的重心就是和谁一起去旅游，我发起过几次游学项目，大家的反馈是收获真的太大了。

也欢迎大家添加我的个人微信号，有机会来参加我发起的游学项目。

这十条人生创意库我讲得比较详细，有一句话叫作：脑中有城堡的模样，你才能搭建出城堡。

如果说你的人生创意库里的内容为零，当你想要去主导自己人生的时候，你会毫无头绪，但是当你在平时通过多个维度去增长知识后，当你想要去主导自己人生的时候，你就不会束手无策。

接下来，我将教大家如何一步步搭建人生创意库。

第一步：要有自己的框架。

在上文中，我给大家分享了找到人生创意库的十个维度，你可以从这十个维度里挑选出适合自己并喜欢的，作为自己人生创意库的第一个版本的框架。

这个框架是可以不断丰富的，可能最开始只是通过阅读、看电影获得灵感，后期可以逐渐丰富。

第二步：不断地通过摘录的形式让你的人生创意库框架更加丰富。

参考上文提到的十个维度和相关举例，积极地去参加各种社交活动及课程，有任何的感受都丰富到人生创意库里。

第三步：问自己，如何把这些应用到自己的人生当中。

比如，OLAY 广告文案多次强调要"无惧年龄"，35 岁的你看到后应有的行动是：不再以觉得自己年纪大、太迟了为理由而拒绝一些机会和尝试。

我特别喜欢一个概念，叫作"功夫在诗外"。"功夫在诗外"，原是宋朝大诗人陆游在他逝世的前一年，给他的一个儿子传授写诗的经验时写的一首诗中的一句。

　　诗的大意说：他初作诗时，只知道在辞藻、技巧、形式上下功夫，到中年才领悟到这种做法不对，诗应该注重内容、意境，应该反映人民的要求和喜怒哀乐。

　　陆游在另一首诗中又说："纸上得来终觉浅，绝知此事要躬行。"可以知道，所谓"功夫在诗外"，就是要强调"躬行"，到生活中广泛涉猎，开阔眼界。

　　其实，搭建人生创意库的过程，不就是"功夫在诗外"嘛。

第二章 >>>

时间心态篇：清理心理障碍，重新审视内在状态

第1节

拖延心理：破除心理障碍，让你摆脱迷茫状态

我特别喜欢读书。

以前我的习惯是，看到好书先加入购物车，再统一购买回来看。

每次有一大堆书送到，我都会很兴奋，安排了计划要一本本读完，后来，我发现几乎每一次都看不完这些书，于是我调整了买书策略。

只要发现有一本书是想买的就马上购买，这样反而能把一本本书好好看完。

猜不到购买了我这本书的你是以何种方式、何种心态买回来的，作为一个已经出了五本简体版、两本繁体版图书的作者，我猜：你很有可能会买了这本书又不看完。所以，我想给你的提醒有三点：

1.买了书不等于看过了书，千万别光是爱买书而不看书。

2.这本书写得很接地气，你一定能看完，而且在看的过程中就会收获很多。

3.赠人玫瑰，手留余香，如果你喜欢这本书，别忘了分享给身边和你一样渴望成长、爱学习的朋友哦。

因为本节主要是从心态上带大家突破成长的障碍，我就直接以如何强化学习这本书为例，教大家如何学习。

无论学习什么技能，如果你的内心并不认可掌握这种技能的重要性，你在最开始的时候可能会有热情，但是很快就会把热情消磨掉。

相同的道理，大家最开始买这本书的时候，我相信也一定是下定决心要把这本书中的干货都吸收掉。所以，我希望你准备一个笔记本，在笔记本上写上这么一句话：

我一定要非常认真看完这本书，并好好实践书中的干货方法，而不是拖延着不看，最后就不会再翻开这本书了。

如果你能够做到这一点的话，我有非常强的信心，当你看完这本书时，一定会比以前状态更好，能量更足，效率更高。

关于拖延症，很多人会认为是因为缺乏方法，事实上有不少人有拖延症是因为心理障碍。

那究竟有哪些常见的拖延症心理障碍呢？

第一个：完美主义拖延心理障碍。

我身边以完美主义为借口不去做事的人比比皆是。

以前我做事的风格是绝对的完美主义型，每一件事都需要想明白、规划好，才敢去行动。我还错误地以为，完美主义是一件值得炫耀的事。

然而我成长最快的阶段是过去几年中同时兼顾多重身份的这一阶段。

因为太忙、时间不够用，我的思维模式改成了行动驱动型。

这样的思维升级让我尝到了快速行动带来的好处，我的大脑开始渴望这样的行动驱动。而越是行动力强，事情的进展越是顺利，整个人生仿佛进入了能量无穷的正向循环。

你有没有想过，为什么会有完美主义？

90% 以上的人会回答：怕犯错、怕丢脸、很紧张、不敢踏出第一步、总觉得有哪里做得不够好。

那你又有没有想过，你过往的人生所犯过的错，有多少会变成真正的大灾难？

如果真的要挑出一个最大的灾难，我反而认为是：因为害怕失败、怕犯错误而不愿意、不敢去做任何事。

事实上，你曾费劲追求过的完美，很少能带来真正的进步，反而容易因为达不到完美而绝望和放弃。

比完美更重要的是，学会在行动中发现问题、解决问题的能力。

这个能力，比完美本身重要 100 倍。

回想你最"完美主义"的一件事，是 100% 照着你的完美设想发展吗？

根本不可能！

你演练再多遍，也还是会存在思维的盲区。

完美主义型的人，在遇到问题时，会把注意力的焦点放在，"唉，当时我怎么没有考虑到！"

行动驱动型的人，在遇到问题时，会把注意力的焦点放在"有什么办法可以解决这个问题"上。

完美主义型的人，在看到这篇文章时的第一反应是，"唉，我也不想这样"。

想成为行动驱动型的人，在看到这篇文章时的第一反应是，"我也曾有过完美主义倾向，之后我会对自己的行为有所察觉，并且说服自己渐渐向行动驱动型靠近"。

第二个：叛逆情绪带来的拖延心理障碍。

我的学员小雨告诉我，高中的时候，她因为不喜欢数学老师，在学习和数学有关的内容上每一次都是一拖再拖。

工作后又常常遇到不喜欢的上司，她为了和上司对着干，总是拖延工作，为此还丢过工作。

心理学界有一句非常出名的话，叫作：谁痛谁改变。

意思是当我们和其他人相处的时候，如果痛苦的总是自己，其实要改变的是我们自己。

我们常常会想要改变他人，事实上改变的最佳顺序是，改变自己—改变自己从而影响他人—他人的改变。

所以，把注意力放回到自己身上，你才能真正获得成长。

叛逆情绪类型的拖延症患者还需要认清一个事实，成长是自己的，我们如果时刻都把注意力放在别人身上，完全忽略了自己的个人成长，全凭借自己的喜好出发，最后为这个结果买单的只能是自己。

第三个：争夺控制权的拖延心理障碍。

大家有没有过这样的经历，因为看着有点乱，妈妈让我们把自己的房间整理一下，但是自己就是不想动，此刻内心的想法是：我自己的房间，我自己说了算。

于是选择了拖延不动或者是敷衍一下草草了事。

争夺控制权的拖延人士认为：个体独立＝自我价值。

这类型的拖延症人士内心的真实想法是：我要根据自己的选择来行动，没必要根据他人的规定或者要求来做事。

如果你有这种想法，更应该提高自己的行动力，当你的实力变强，你才能真正拿到对人生的掌控权。

如果我们住在父母的房子里，迫于压力，即便万般不愿意，最后还是会在父母的念叨下收拾房间。

但如果是自己买的房子，要不要收拾房间自己说了算，那才是真正夺回了控制权。

所以，下一次当你再想要争夺小小的控制权的时候，驱动自己行动起来，拿回整个人生的控制权。

最后，当你选择了阅读这本书就意味着改变和行动的开始，我希望在接下来的人生里，你能破除心理障碍，不断强化自己的行动力达人标签，真正拿回人生的掌控权。

以上就是我们本篇文章的主要内容，总结如下：

第一个知识点：完美主义拖延心理障碍。

第二个知识点：叛逆情绪的拖延心理障碍。

第三个知识点：争夺控制权的拖延心理障碍。

第 2 节

内在驱动力：找到内在动力，燃烧你的小宇宙

我的学员强子告诉我，他很喜欢学习，但总是三分钟热度，为此他也很苦恼，于是他私信问我该怎么办。

如果你也有同样的问题，本篇文章你需要反复多阅读几遍。

首先，我带大家一起来了解，什么是自燃型人。

有一次央视采访我的时候，美女记者问了我一个这样的问题：

"你看起来好年轻、好有活力，你是怎么做到让自己时刻充满激情的？"

说到激情这个词，其实，就连我老公都时常问我：你这些行动力、坚持力、意志力等到底是哪里来的？

我时常也是一脸迷茫地看着他：这个就是我生活的常态啊。你天天看到的我不就是如此吗？

后来看稻盛和夫的《干法》，书中提到人可以分为三种类型，其中一种类型是自燃型人，当时我的感觉是：原来，我是自燃型人！

在《干法》一书中，稻盛先生参照物质的燃烧性能分类，把人也分为"可燃型""不燃型"和"自燃型"三种，并认为"要想成就某项事业，就必须成为热爱工作、能够自我燃烧的人""在别人吩咐之前自发去干的积极主动的人"。

同时，"自燃型"的人，除了自动燃烧，还应该能够点燃别人，"勇于在旋涡中心工作"，积极影响周围的人，成为团队前进的发动机，乃至成为团队领袖！

那么，如何成为一个"自燃型"人呢？

第一点，养成并不断调整与自己对话的模式。

自燃型人懂得与自己对话的好处和方式，通过与自己对话，引导自己成为一个积极主动的人。

对话是为了有意识地观察自己。

假如你能跳出来观察自己每天的状态，你满意吗？

如果你满意，是否可以通过观察自己，让自己朝着更好的反向发展？

如果你不满意，是否可以通过观察自己，发觉自己的缺点，更加了解自己？

对话有助于理清自己的思路。

不知道大家有没有试过，如果他人通过一问一答来帮助自己一步步地梳理想法，思路会越来越清晰。同样的道理，每天与自己有效对话，也有助于你更好地了解自己的思路。

与自己对话的方式有很多种，比如：每天固定问自己几个问题；找一段时间把自己的想法系统地梳理出来。

对话让解决问题更加容易。

我们往往并不是被问题本身困住，而是因为找不到问题、分不清方向而无法聚焦性地处理问题。

这也是为什么很多时候我们无法看清自己，却能够给别人解答问题一样，问题本身并没有多大的难度，难的是看不清。

第二点，展开观察别人的触觉。

观察的触觉打得越开，你的眼界会越宽，你的生命会展现出越来越多的可能性，这个时候才能真正体会到：时间太少，而行动力必须更快。

观察他人使用的工具。

很多人不用微博，但我个人觉得微博非常好用。我开通"在行"，微信置顶（公众号后台回复"微信"获得使用小技巧）作为自我管理的小工具，都是通过在微博上观察他人学到的。

世界那么大，我们无须总是亲自去看，借助他人的眼界也是很不错的方法。

观察他人的状况、处事方式。

认识我的人都知道，当我衡量一份工作好坏时，上司是非常重要的标准。每个职场人士几乎有大半的人生时间和同事相处，而这些同事当中，上司的角色最为重要。学会从自己的上司身上进行观察、学习，是我在职场快速获得成长的重要原因。

在自己所扮演的每个角色中，我都会寻找一个可供学习的榜样。这个榜样有可能是一个人、一本书甚至是一门课程。随着自己的成长，我还会不断迭代这些榜样，让这些榜样持续不断地给自己带来力量。

观察他人思考问题的维度。

我特别喜欢的一个老师分享过他的一个故事，在故事中，他提到了一个思考问题的角度，大致的意思如下：有一次，他花了几个小时的时间写了一篇文章，最后因为电脑故障文章丢失了，他花了几分钟发现没有办法恢复后，马上做了个决定：重新写。

正常的情况下，面对这种情况，一个人的反应可能会有两种：

1.反复挣扎看是否有解决方法，花掉大量时间；
2.心情受到很严重的影响，什么都不想做。

这个例子虽小却给了我很大的启发，让我学会了一个思考方式：问题出现之后，不纠结、不被困住，果断、理智地做一个决定，然后开始行动。

第三点，主动选择而非被动接受。

仔细回想，你过往的人生，多数是自己主动做出选择，还是被迫无奈做出决定？

举个例子：今天晚上，你的主动选择是明天早上早起跑步，到了第二天早上，你是遵循了自己的主动选择——起床跑步，还是听从了身体的被动反馈——我起不来了，还是睡觉重要！

很多人都不知道业余时间空闲下来做什么好，今天刚好借这个机会做一个区分。

比如说，我今天主动选择看一集动画片，这个算是主动选择吗？

当然算，但前提必须是我很喜欢看这个动画片，并且通过看这一集动画片，我全身心都得到了很好的放松。但是，如果事态发展成：我原本计划看完一集就去看书，结果看了一集后忍不住接着看第二集，当然，在看第二集的时候内心因为没有看书而有点愧疚，但心情还是很好的。

然而，因为沉迷于这种"享受"无法自拔，无法克制地熬夜看动画片，这就完全属于被动选择了。

那么，如何分别用一句话来区分主动选择和被动选择：

被动选择的最大特点是：当下看起来是愉快的，但过后更加迷茫。

主动选择的最大特点是：当下也许是吃力的，但长久坚持后即可看到收益。

从主动选择自己的行动开始，撕掉你身上连自己都厌倦的标签：你可以不断学习更多适合你自己的方法，也可以把以上方法做到极致！

自然而然地，你就会慢慢变成"自燃型"人！

最后，你需要从三个维度强化学习内驱力。

第一个维度叫作"找到学习的自我目标"。

所谓"自我目标"，就是自己内心真正想做的一件事，而不是说看到身边人通过学习成了阅读达人，心动了，于是也想要成为那样的人。比如，你在演讲这件事情上确实没有太多的渴望，但每一次研究学习模型的时候都能产生心流，那你还是要把后者放在比较重要的自我目标维度上。

第二个维度叫作"强化你的价值感"。

学习是有用的，自我提升是会对自己的工作、生活有帮助的，每一次学习完成后获得了一定的结果，都要给自己鼓励和表扬。

第三个维度叫作"人生活法的版本"。

我先生认为我在大量学习之后，遇到问题不会像以前那么焦躁了，因为我相信，通过学习我能为自己遇到的任何一个问题找到解决的方案，并且还成就了自己的一番事业，人生的可能性也变得丰富了。所以，你的好状态是能够给你带来源源不断的内在驱动力的。

以上就是我们本节的主要内容了，做一个总结：

第一个知识点：带大家一起来了解，什么是自燃型人。

第二个知识点；如何成为一个自燃型人。

第三个知识点；从三个维度强化学习内驱力。

第 *3* 节
战拖行动：三步走，带你秒变行动力达人

在本节开篇部分，我想告诉大家：行动力强的人，活该成为人生赢家。

我在本章的第一部分就提到，大部分的人都无法做到行动力强，而总是习惯拖延。

那么，如何做，才能成为行动力达人呢？在本节，我将会从三个步骤带大家秒变行动达人。

首先，第一步：去标签。

先问大家一个问题：请不要在你的大脑中想象一头粉红色的大象。

当你听到我和你分享这句话的时候，你的头脑中会不会出现一头粉红色的大象？

我相信一定会。

同样的道理，如果你一直给自己贴拖延症的标签并且告诉身边的人：你自己是拖延症患者，那你的大脑肯定也会认为自己就是拖延症患者。

所以，我想教大家把拖延症这个标签从自己身上去掉。

并不是所有人都可以归类为拖延症患者，我想和大家先定义一下，什么样的人才是真正的拖延症患者。

假设你有一辆车，你的车马上要开上高速公路了，你看到车已经没油了，但你就是拖着不去加油，直到你开上高速公路，车真的没有油了，要喊拖车来拖你的车，这样的人才是真正的拖延症患者。

每个人都可以回忆一下，但凡你曾经独立或者和团队一起配合完成过某个项目，你就算不上是一个拖延症患者。就比如你毫不犹豫地买了这本书，而且你还认真读完了这本书，那么，你的行动力就很强。

再比如，你毕业了，你没有拖延着不找工作，而是马不停蹄地写简历、投简历、面试直到找到了一份工作。

这些都可以证明，你并不是一个拖延症患者。

每一位误以为自己有拖延症的读者，首先要做的第一件事就是把给自己贴上的拖延症患者标签撕掉。

如果一个人一直觉得自己有拖延症，就会产生非常消极的自我暗示。就拿我自己来讲，我是一个行动力达人，但也不可能遇到任何事情都马上行动起来，也会遇到一些自己不想做的事，但我从来不会给自己贴拖延症标签。

一旦贴上这个标签，反而更容易成为我们不做一件事情并保持心安理得的借口。

你心里会这么想：反正我是拖延症患者，我拖延着不做一件事情不是再正常不过了？

当撕掉标签后，你反而会把更多的注意力放在怎么行动上来。

第二步：为我们要做的事情找到意义。

记得刚生完宝宝后可以恢复健身习惯的第三个月，我就给自己定了健身目标。

健身一周后，发现三位数的体重根本就没有降下来，我当时就想放弃健身了。

可如果那个时候放弃健身，不但一周的努力白费了，身上的肥肉也不可能甩掉了。

于是我问自己，要怎么做，内心才更愿意坚持下去。

我开始为健身寻找多个维度的意义：

1.每一次健身出一身汗，浑身轻松；

2.健身完气色很红润；

3.健身有利于加快新陈代谢；

4. 即便不能减肥，也能保持住体重；

5. 长期健身，可以让自己看起来比同龄人年轻；

6. 每次健身完，都觉得精力充沛；

7. 健身还是很好的谈资。

当我找到健身的多维度意义后，每次健身的动力都十足。

所以，当你发现自己在拖延做一件事情的时候，很可能是你没有为自己做的事情找到多维度有趣点，没有找到要完成它的重大意义。

那就静下心来，为你要做的事找到意义，至少要找到三种意义。

第三步：拆解目标。

假设你计划开启副业，在定副业赚钱的目标时，定了一个亿的目标，你觉得你会有动力去行动吗？

除非你是王健林，一个亿对你来说是个"小目标"，不然的话，一个亿对普通人来说，绝对是个大目标。

要实现这个目标太难了，你的大脑的直觉反应是干脆就放弃不做了。

你之所以会拖延，大概率是因为所要完成的目标太难了，你完全不愿意也没有信心去完成它。

再举个例子，假如你想要完成一个策划案，可你一想这个策划案需要花费很多时间和精力去做，而且难度巨大，你可能就会选择放弃，并且会为不去写这个策划案找各种各样的借口。

如果你能够把这个看起来很难的策划案拆解成以下三个小目标：

1. 收集一些跟这个策划案相关的资料；

2. 定下策划案的框架；

3. 开始写策划案开头。

拆解过后，写策划案的任务马上变简单了，你会不会更容易行动起来呢？

我们都知道，做一件事情踏出第一步是最难的，但当你踏出了第一步之后，完成一个小目标的成就感会带给你更大的信心去完成其他的目标。

你可能会觉得，自己也试过拆解目标，但还是感觉无从下手，这个时候你要问自己一个问题：是不是拆解的目标不够小。

当你把想要做的事情或者想要养成的习惯拆解成做起来毫无压力的小步骤时，你会更容易行动起来。

举个例子，比如你想养成阅读的习惯，以下被拆解后的两个小目标，看看哪一个更容易让你行动起来。

一个小目标是：从今天开始每天阅读1小时，看《穷查理宝典》。

另一个小目标是：从今天开始阅读30分钟，时间在下班回到家吃完饭后的8点，看我最喜欢的职场小说。

你认为哪一个小目标更容易执行？我相信很多人选的是后者。

所以把大目标拆解成小目标的时候，需要注意以下三个要点：

1.目标要非常具体；

2.最开始的时候目标的难度要小；

3.目标如果还是无法让自己行动起来，要继续拆解成更小的目标；把目标拆到你觉得行动起来完全没有任何障碍为止。

以上就是本节的主要内容了，我们来总结一下，如果你想变成行动达人，有三个步骤：

第一步：去标签，不再强调自己是拖延症患者。

第二步：找意义，为我们要行动的目标找到多维度的意义，让行动变得更有价值。

第三步：拆目标，简化行动对象的第一步，让自己不再畏难。

第 4 节

高效学习：摆脱无效，找到最适合自己的学习方式

你是不是看了很多的书，但还是过着一成不变的生活，而且处在这种一成不变的生活之中越来越焦虑，那是因为你没有找到最适合自己的学习方式，今天这篇文章将带大家重新学习如何才能更加高效地进行学习，并找到最适合自己的高效学习方式。

首先，你需要了解的是，为什么你的学习总是无效？

你是不是符合以下五种情况？

第一种情况叫作"过目即忘"。你上午看过的内容，是不是下午就忘记了？

第二种情况叫作"知识碎片化"。你看起来好像学习了很多的内容，但是，当有人跟你聊某一个主题时，你却不知道如何作答。比如，你看过很多时间管理方面的文章，也听过很多这方面的课，

但是我问你，怎么样做好时间管理，你却无法完整回答。

第三种情况叫作"知道，但是说不出来"。这个跟碎片化知识是有区别的。"碎片化知识"是指你也许能回答，但是答案是零零散散的。"知道，但是说不出来"是指你觉得自己知道怎么做，但是当有人让你分享出来时，你却分享不了。就比如你看完这本书，觉得自己已经学会了，但当我要求你在群里给其他人做分享时，你却讲不出来。

第四种情况叫作"我知道，但是我做不到"。我知道早睡很好，但是我无法早睡。

第五种情况叫作"知识的短链"。学习完之后你当下记得这些知识，但下一次再要用到这些知识时，你却无法从记忆中提取出来。

这一点就像学习过程中会出现的心流体验，它是指在专注学习的时候最容易出现的一种状态，但当这种状态消失后，你很难再获得那种充实感。

我相信这五种情况，很多读者会符合其中的一种或多种，甚至是全部，那该怎么做呢？

接下来，你需要了解的是有效学习的五个行为标准。

第一个标准叫作"有意识地对知识进行分门别类"。

学完之后要把学到的知识进行归纳，建立一个文件夹，然后将所有跟学习主题相关的内容都归纳到文件夹里面去，这个就叫作分门别类。

第二个标准叫作"带有目的性地学习"。

读一本书是听别人说这本书很棒，还是说你遇到困惑想从书中找到解决的方案。带着解决问题的目的去学习，学习的效果会翻倍。

第三个标准叫作"三句式总结"。

每次听完一门课程、看完一篇文章、看完一本书的时候，尝试用三句话做个总结。

第四个标准叫作"行动清单"。

用做到来衡量自己学到的知识，当你学习到一个知识点的时候，问自己我要用什么样的方法才能证明自己学到的知识，这个就是真真实实的行动清单。

第五个标准叫作"泛领域应用思维"。

这个思维有一个非常简单的方法，就是每一次学到一个新知识，尤其是你觉得特别有用的知识，你问自己，这个知识除了应用在工作上，还能不能应用在打造个人品牌或者育儿上。

我举个简单的例子，比如说我在我的时间管理特训营里面分享了一个叫作"早睡早起"的概念。跟大家分享的早睡早起的诀窍叫作"逐步早起法"。

每天早上起床之后，把自己第二天起床的时间往前调一到两分钟，然后闹钟一响就直接起床，这样就可以慢慢早起了。

这个方法我自己研究出来之后，又把它应用到了调整我的儿子如何早睡早起习惯的培养上，发现也是可以通用的。这个就叫作泛领域应用思维。

接下来，你需要找到适合自己的学习方式的正确步骤。

我常常会外出参加一些饭局，有一次，和我一起参加饭局的一个写作老师告诉我，他最喜欢的学习方式是向他人学习。

我仔细思考了一下我自己的，我最喜欢的学习方式是听课和阅读。

所以，每个人都有最适合自己的学习方式，我简单提炼出了以下四种方式：

第一种方式：阅读学习，阅读书籍，从各种类似的书中汲取营养。

第二种方式：向人学习，向自己喜欢的优秀的榜样进行多维度的观察和学习。

第三种方式：听课学习，通过听课的方式进行学习。

第四种方式：圈子学习，参加线上线下社交圈子，通过交流碰撞进行学习。

除此之外，学习可以分成被动学习和主动学习两种方式。

如果只是纯粹的听讲和阅读，那只是被动学习的一种方式，效果很差，学习内容平均留存率在 5% ~ 30% 之间。

如果是主动学习，像讨论、实践和教授给他人，学习内容平均留存率在 50% ~ 90% 之间。

每位同学都要问自己，你是主动学习还是被动学习？

那如何才能让自己主动学习，并找到适合自己的正确的学习方式呢，请根据以下步骤来。

第一步：尝试本篇文章中提到的所有的学习方式。

第二步：找出 1 ~ 3 种最适合自己的学习方式，如果你发现自己通过阅读能最快最好地吸收知识并且为自己所用，那阅读就是你最好的学习方式了，其他的学习方式可以作为辅助，而阅读将成为你每一天都要用到的学习方式。

第三步：还是以阅读为主要学习方式为例子，你要时刻警惕自己不要只是被动地吸收知识，而是要通过主动学习方式中的讨论、实践、教授三种方式，变被动学习为主动学习，去提升学习效果。

第四步：结合本书第三章第 4 节文章的自建反馈体系，持续衡量自己的学习效果，让学习到的知识真正为自己所用。

以上就是我们本篇文章的主要内容了，我们来做个总结：

第一个知识点：为什么你的学习总是无效。

第二个知识点：有效学习的五个行为标准。

第三个知识点：找到适合自己的学习方式的正确步骤。

第 *5* 节

自我取悦：每个人都要为取悦自己而活

2019 年 6 月 15 日，上海电视节白玉兰颁奖典礼现场，经过一番激烈角逐，"视后"由马伊琍获得。

此次白玉兰最佳女主角共有五位女演员入围，她们分别是：郝蕾《情满四合院》，马伊琍《我的前半生》，秦海璐《白鹿原》，孙俪《那年花开月正圆》，袁泉《我的前半生》。

获奖感言环节，马伊琍首先感谢了电视剧剧方和剧组全员对自己的帮助和指导。

随后感谢了她的父母在长达十年的时间里，为她带孩子："让我们一直没有后顾之忧在外面工作，最重要的是他们教育我做一个独立的自信的上海女孩。"

而在感谢亲人之后，马伊琍则是特别感谢了自己的丈夫（现前夫）文章："感谢我的先生文章。在拍《前半生》之前，他非常客观地指出说'马伊琍，你不能用你的惯性和你的经验去演戏'，所以我终于意识到一个女演员不可以一直生活在舒适地带。"

最后，马伊琍说："女人不要为取悦别人而活，希望你们为取悦自己而活。总之每个人只有一次前半生的机会，勇敢地努力地去爱、去奋斗、去犯错，但是请记住一定要成长。"

去爱、去奋斗、去犯错，但带着成长。

马伊琍提到"女人，要为取悦自己而活"，看似简单的一句话，很多人却做不到。

那么，为什么要取悦自己？

2017 年的《美国医学会杂志》（*JAMA*）上刊载了这样一个故事，加拿大医生诺拉·奈伦（Norah Neylon）遇到一名来看诊的 50 岁女性，她身体不适，低压 115，高压 210。

她说她需要尽快恢复健康，因为她是护士，有两个孩子，母亲还出现了老年痴呆的早期症状，在过去三年里，她失去了五个亲人，剩下的人都指望着她的照顾。

奈伦给她开了些对症的药物，又写了一张处方——"允许将你自己的需求放在最先。每天至少 30 分钟。"

然后对患者说，请按剂量使用。

接到处方的患者先是大笑，接着就哭了出来。

我把这个故事分享到了朋友圈，有个女朋友留言：我已经有近十年的时间里，不知道自己的需求为何物。

我们大部分的人，活得完全迷失了自己而不自知。

这也是故事中的患者第一反应是大笑，然后才哭了出来的原因。

笑是因为觉得这个处方很荒谬，哭是因为自己的现状确实如此。

想起我的朋友Q，每次找我聊天，都会让我内心无比纠结。

因为每一次，她的聊天内容都是变换着各种形式在抱怨：

另一半不体贴自己；

儿子总是不听话，带得很累；

每天忙忙碌碌没有自己的时间；

感觉多年没有成长。

像我这样一个正能量发光体，是多么想要揭穿她并且改变她啊。

Q的另一半并不是不体贴她，而是实在太忙了，所以平时很少有交流的机会。我们一起约着去吃饭时，她老公点的尽是她喜欢吃的食物。如果一个男人不是从心底喜欢一个女人，他才懒得管你喜欢吃什么。

带儿子总是很累，可谁带孩子不累？虽然累但快乐也很多啊！Q却看不见。况且Q家里，宝宝的爷爷奶奶都一起在帮忙带小孩。而且我见过宝宝的爷爷奶奶，他们是那种非常乐观、特别好沟通的老一辈。

这完全是羡煞旁人的状态，殊不知，有多少职场妈妈上班忙得要死，下了班还要一个人事无巨细地操盘全家的事。

Q完全可以去享受这一切，并且学会取悦自己，但她却把空闲下来的时间用来抱怨了。

最糟糕的一种情况就是这样，你明明有取悦自己的资本，却把生活过得一地鸡毛。

懂得取悦自己的女人，会聚焦在好的方面，把更多的时间、精力和注意力放在自己的身上。

伴随着对自己的关注，会更容易满足和成长，让自己更自信，而不是持续否定自己、挑剔他人。

《开讲吧》是我特别喜欢的一档节目，有一期请了清华大学的美女教授颜宁，她在节目中提出了一个观点：女为己容。

我看过媒体对颜宁的采访，瞬间被圈粉。

美国国家科学院院士杨薇在接受《人物》采访时给了颜宁这样的评价："我就特别欣赏颜宁这种没有被任何外界给框住的状态。颜宁在国内的话，会一直成功下去，而且会越做越大，位置坐得越高，影响力越大。她去普林斯顿就是一个全新的开始，也是全新的挑战。"

颜宁在《开讲吧》说到，女性在面对家庭和事业选择时容易困惑。

但是她更加认可："我们需要让这个社会慢慢看到越来越多的女性可以成功。"

她鼓励着所有女性要遵从自己的内心，要活出自己的精致样子。

那么，如何才能取悦自己？

你得有自己完全独立而固定的时间和空间。

每一天，你可以有意识地抽出 30 分钟的时间，用来满足自己的需求，做自己想做的事。

每周末，争取有两个小时的时间，完完全全地与自己独处。

也许一开始你也不知道做什么好，写写画画都行，觉得委屈、焦虑想哭也行。在这样的时间里，只有你自己，任你随心所欲。

我们常常会挪出自己的时间，给对自己来说最重要的人，比如孩子、朋友、客户、上司、伴侣……

但请你永远也别忘了，自己才是最重要的人。

做自己感兴趣的事。

梁宁说过一句话："上帝安排一个人的命运，或者说给一个人使命，其实是给他一个爱好，一种真实的喜欢，一种叫作'瘾'的东西。"

做自己感兴趣并且上瘾的事。

这个事可以是跑步、烹饪、阅读等任意一种，当你有时间时，你会有事可做，而不是无所事事、想太多和拿着手机各种刷屏。

如果能找到有"瘾"的事，那就更好了。

杨绛的父亲有一次问她："阿季，三天不让你看书，你怎么样？"

"不好过。"

"一星期不让你看呢？"

"一星期都白活了。"

父亲笑着说："其实我也一样。"

读书对杨绛先生来说，就是"瘾"。

如果你没有感兴趣的事，从现在开始，去留意、去尝试、去沉浸吧。

在心态上，真正爱自己和相信自己，要相信相信的力量。

从人性的角度出发，在大部分情况下，人是会逃避、退缩、否定自己的。

真正爱自己和相信自己，不是说要你变得无比自信，而是要一点点地相信自己能做成事，随着时间的积累，给自己更多积极的力量。

我在最不自信的那个阶段，坚持写了大半年的日记。每天晚上临睡前，给自己10分钟的时间，去回忆当天做过的哪怕一点点能激励到自己的三件小事，这个行为给了我自己很大的力量，让我渐渐自信起来。

香奈儿曾说过："我从不是一个女英雄，但是我选择了我想成为的样子，而我现在正如自己所愿。"

愿你活得如愿，时刻别忘记取悦自己。

以上就是本篇文章的主要内容了，我们一起来总结一下：

第一个知识点：为什么要取悦自己？

第二个知识点：如何才能取悦自己？

第三章 >>>
行动赋能篇：自我赋能，给自己行动的内在能量

第 1 节

自我投资：学会富养自己，成为自信万人迷

网上第一次看到这句话，就深深地喜欢上了：我谈过最长的恋爱，就是自恋；我爱自己，没有情敌！

这句看似简单的话，很多人都以不同的方式向他人表达过，却极少想到过要对自己表白。

看过一份老年消费调查问卷表，在接受调查的 2096 位老人的日常花费中，30.74% 花在日常开支，23.51% 补贴儿女，只有 3.3% 用在了自己的休闲生活上。

这，就是大多数中国父母的真实写照——穷养自己，富养儿孙。

第一次看到这份调查表时，我内心是难受的，想起之前收到过读者给我的一份留言：

Angie 老师，我在最近才意识到，自己对自己有多不好：买衣服，

如果是给家人的，我会不管价格，挑质量好的给他们；如果是给自己，我总是会想了又想，最后挑了最便宜的那件。

而且这些年，我几乎把所有的时间都花在了家庭上，年轻时喜欢的兴趣爱好统统抛弃了。

可是就在昨天，我老公居然嫌弃我，说我穿衣服不好看，不懂得打扮自己，也没有自己的兴趣爱好，活得很无趣。

他说："我喜欢的是，当年那个爱笑、爱美、爱自己的你！"

可是，我这么做，都是为这个家庭好啊！

"我这么做，都是为你好"，不知坑了多少人，相信你也曾经被这句话坑过。

但是现在反过来，你也陷入了相同的模式中。不幸的是，被你付出的人，有时候并不买单。

况且，为任何人好，最终牺牲的都只能是自己。因为你始终把焦点放在了别人身上。

而自己真正强大起来，才是最好的成长。

学会富养自己，是让自己强大起来的最好方式。

很多人会说，年轻的时候，我并没有那么多的钱可以富养自己。

首先，富养不在于金钱上，更多的是你有这样的意识并给予自己精神上的滋养。

凯特·福克斯在《英国人的言行潜规则》中说：

英国人如何衡量一个人在社会中上层？并不是看他的财富，他开什么车，穿什么牌子，而是看他的书柜上放着什么书，家里的食物和酒，以及房间是否凌乱。

这就是精神上的一种富养。

纯粹物质上的富养，反而可能会起相反的作用。

有媒体在北京大学生群体中做了一个关于月生活费的随机调查。结果显示，近三成在京大学生月生活费超过 1600 元，其中餐饮占比高达 48.16%，购买穿戴用品和社交娱乐位于第二、第三，部分同学缺钱时还会使用互联网借贷产品。

我观察过身边很多把小孩教育好的父母，他们在物质上并不一定多么富有，但都是有教养、爱学习的人，给孩子树立了好的榜样。

如果你想培养孩子良好的阅读习惯，最好的方法就是放下你的手机，丰富你的书柜并让自己先养成阅读的习惯，在这样的环境氛围下，小孩自然而然会对阅读产生浓厚的兴趣。

富养自己并没有想象中那么难，但你得先有这个意识。

做到以下五点，你会越来越富养自己，成为自信万人迷。

第一点，有自己真正独处的时间。

叔本华说："只有当一个人独处的时候，他才可以完全成为自己。"

如果你一天到晚都只是为别人而活，没有自己真正独处的时间，你的灵魂会枯竭。

知乎上看到过一个片段：

常常下班开车回到家楼下，他都不想下车，因为那是一个分界点，推开车门就成了父亲、老公、儿子，却唯独不是自己。

在外面忙着工作与社交，回家之后要对家人事无巨细地关心，忙碌之中已完全丧失掉了自己的样子。

无论是上班路上用耳塞把自己和这个世界隔离开来，还是周末的下午，独自一人去咖啡馆享受一杯咖啡，你一定要有自己独处的时间。

第二点，有自己的兴趣爱好。

不是要求你琴棋书画样样精通，而是说，如果你有自己的兴趣爱好，那么在你拥有独处时间时，你不会无聊，你会充实、满足而享受那一刻。

你的兴趣可以有很多种，比如阅读、冥想、写字等。当你有时间时，可以沉浸其中。

第三点，多去看看外面的世界。

你要有意识地让自己见见世面。

如果有时间、有钱，你可以去远一点的地方。如果条件暂时不允许，你可以参加一些同城线下的读书、徒步活动。

每个月至少给自己一次走出去的机会，你会看见和你现在完全不一样的世界。

第四点，舍得用好品质的物件。

不舍得用好品质的东西，潜意识里面会觉得自己不配用！

一旦开始使用上了好品质的物件，自己就会和那件东西逐渐相称，看东西的视角也会在不知不觉中发生变化！

爱护和不舍得用，是两种不同的情况。爱护是一种对物品的珍惜，不舍得用是总想到最佳场合才用，最终却总是用不上，其实就是不配的心态。

第五点，懂得投资自己。

股神巴菲特在接受《福布斯》杂志采访时说：

"有一种投资好过其他所有的投资：那就是投资自己。没有人能夺走你自身学到的东西，每个人都有这样的投资潜力。"

意识到富养自己重要性的人，都懂得投资自己，越早投资自己，就能够越早获益。

每个月，都应该有一笔"富养自己基金"，遇到心仪的课、书或者音乐剧时，不会考虑有没有钱，而是第一时间满足投资自己的那颗心。

西方精英教育坚持一个育人准则：终身学习和全面成长。这是保证财富代际传承的必要条件。任何时候都应该要有富养自己的心态。

以上就是本篇文章的主要内容了，我们做一个总结：

第一个知识点：富养不在于金钱上，更多的是你有这样的意识以及给予自己精神上的滋养。

第二个知识点：做到以下五点，你会越来越富养自己，成为自信万人迷。

第 2 节
情绪智力：远离内耗，一步步带你脱离情绪困境

S 是我的好朋友当中，公认人缘比较好的一个。

说到人缘好，很多人脑海中浮现的关键词可能会是：人长得好看、会说话、声音好听、情商高等关键词。

以上任何一个词放在 S 身上都不太能完美匹配，那么 S 身上究竟有什么魔力，能让她拥有好人缘呢？

S 是时下流行的一个词"活在当下"的最佳代言人。

说到"活在当下"，很多人的理解是不过分担忧未来，也不会为过去所做的一些决定而后悔。而我的理解更多的是当面临负面情绪困扰时，你依然泰然自若、处变不惊。

S 就是这样一类人，她不是不懂得悲伤，而是当一些糟糕的事情发生在她身上时，她能迅速察觉到，并以她自己独有的方式进行处理。这之后，她整个人的状态能够迅速得到恢复，发生过

的事情仿佛从来都无法在她的身上留下痕迹。

和 S 在一起，你会有一种安全感：所有遇到的难题，都一定会有解决方案。

稻盛和夫说：职场不需要无谓的情绪。即使你抱怨再多，受到的委屈再多，当下最要紧的一件事就是先把工作做好，把工作做好之后你再去发泄情绪、调整心情，这才是一个成熟人该有的心态。

其实人生也是如此，人生 90% 的问题都是情绪问题，我们切记要戒掉情绪，避免把情绪带到工作、生活中来，否则最后吃亏的还是自己。

在我看来，情绪内耗的三大原因分别是：不满今天、担忧未来、后悔过去。如果能够做到：活在当下、适当焦虑、不后悔自己的选择，基本上可以消灭 90% 以上的情绪内耗。

如何活在当下？

活在当下的关键是把注意力放在自己身上。

《正念的奇迹》这本风靡全球的书最核心的一句话是："什么是人生最大的奇迹？不是能够腾云驾雾、踩风火轮，而是每天的一呼一吸，专注于你的一呼一吸，就是正念的状态。每一个东西都没有确定的本性，状态都会变。"

通俗点来说，事情的发生并没有特别的意义，反而是你看待问题的角度，让事情本身朝着或正向或消极的方向发展。

所以，活在当下最关键的因素是，察觉到情绪发生的每一个当下状态，主动赋予它正向的意义。你怎么想，事情就极有可能会朝着那个方向发展。

为什么要适当焦虑？

如果完全不焦虑，也就失去了追求更好生活的欲望，适当的焦虑是成长的催化剂。

哈佛大学杰默（Germer）老师通过对人脑功能的研究发现：人的大脑有一个部分，叫作默认模式网络，位于头部从前到后的正中间，在专注做事的时候不活跃，但在休息的时候特别活跃。

它的功能主要有三个：

1. 形成自我意识；
2. 反思过去、担忧未来；
3. 寻找问题。

也就是说，人脑的默认状态就是会被担忧和焦虑占满。所以，避免焦虑的最好方法是给自己安排数量合适的事专注地来做，我们每个人都需要维持持续行动的行为模式。

如何做到不后悔自己的选择呢？

王小波说："这世界上有些事就是为了让你干了以后后悔而设，所以你不管干了什么事，都不要后悔。"

大概是从29岁开始，我学会了不后悔自己做过的每一次选择。

我从两个维度升级了对后悔这个关键词的认知。

每一次做一个选择时，问自己如果未来会后悔，是因为在做这个选择时哪个维度没有考虑周全？既然都能想到未来自己会后悔，现在做怎样的调整才可以最大限度地降低后悔的可能性？

一般情况下思考完这两个问题，往往就能得到很多的调整思路。

做完选择后，当出现后悔的情绪时，我会对自己说：以当时的情况、当时的智慧而言，只能做出那样的选择！我能意识到当时的选择不妥，不就证明现在的自己进步了吗？有什么比发现自己得到进步还要高兴的事？这当然没有什么可后悔的！

接下来，我们来到本篇文章的第二个知识点：当自己处在愤怒、焦虑状态的当下，该怎么办？

当你处在不良情绪状态下时，假设有以下三种方式：

1. 发泄出来；

2. 转移情绪；

3. 什么都不做。

按照以往处理情绪的行为模式，你会做哪种选择？

你认为哪种选择，最有可能管理好自己的情绪？

心理学家布拉德·布什曼设计了一个实验，让三组参与者感受到愤怒后，分别用发泄、转移注意力和什么都不做，以测试纾解愤怒的有效途径。

实验结果发现，发泄组的参与者是最愤怒的。因为发泄让愤怒的火焰越燃越旺，具有更强的攻击性，发泄会让一个人把注意力集中在致使愤怒的元素上。

看了这个实验结果，相信你会意识到，发泄情绪极大概率会让你更加愤怒、焦躁，下一次再有愤怒等情绪时，你会怎么做？

情绪失控一般分为以下几个步骤：

1.情绪诱因出现；

2.对情绪做出应激处理；

3.情绪失控了。

前两个步骤，我们可以有多种不同的解读方式：

第一个步骤，情绪诱因出现：从可控性、敏感性两个维度来进行解读。

情绪诱因是否可控？我们需要从内、外两个维度来分析。

从外部来说，我们完全无法控制别人对自己所采取的行为！比如说你的上司因为自己情绪不佳，莫名其妙看你不顺眼，对你发了脾气。

再比如说，我常常收到一些提问：请问 Angie 老师，我老公一下班只会"葛优瘫"地躺在那里刷手机，我一看就一肚子火，我该怎么办?

从内部来说，其实就是敏感性的维度了，每个人能被激怒的点和激怒的程度是完全不同的 。

就拿第二种场景来说，有些人会火冒三丈，有些人则会和老公一起"葛优瘫"地躺在沙发上享受慵懒的时光。

外部维度完全没有不同，却因内部敏感性的不同，可以得到完全不一样的两个答案!

第二个步骤，对情绪做出应激处理：从情绪认知边界、应激脑回路两个维度来进行解读。

回到本篇文章中最开始提到的心理学实验，在没有了解心理学实验结果之前，我们对情绪认知边界很有可能抱有完全相反的认知。但在得知实验的结果后，我们的认知边界得到了扩展，持续的发怒只会让情绪更加的恶化。

我相信有一部分人在意识到问题的答案后，会开始修正自己的行为。

但存在一部分这样的人：道理我都懂，却依然过不好这一生!

这个可以归类到应激脑回路上，面对你能意识到的错误处理方式，你愿意修正自己面对问题的思维方式? 还是执迷不悟，死活不改?

我是在 30 岁以后，才意识到：我们认可的道理，必须先从自己做起。不以听说过一个道理作为懂得的标准，而是以做到作为标准。

解读清楚前两个步骤后，我们能做些什么？

情绪诱因出现时，你需要降低自己的敏感度，把别人对自己的控制降到最低。

每次情绪出现时，告诉自己正处在察觉状态中，情绪的负能量就能去掉一半。

在无法改变别人对待自己的方式之前，最好的方式是换掉玻璃心，把对待情绪的敏感度一点点降低。

除此之外还有一个办法，在降低敏感度之前，你可以先试着找到自己的易敏感事项清单。

这整个过程可能会非常有趣，也可能会非常残忍。

有趣在于，你会发现自己很幼稚——"唉，根本没有必要生气呀"；残忍在于，你会发现一些原生家庭的伤害，找到自己总是会痛苦的真正敏感源。

对情绪做出应激处理。在试错当中找到最适合自己的情绪处理方式，建立定制化情绪梳理清单。

我是一个勇敢面对自己，并且乐于通过真实的行为试错而改变自己的人。

既然前面已经提到了察觉，来到这个步骤就意味着能意识到自己的情绪问题。

如果你不是一个愿意改变自己的人，最好的方式就是，根据他人告诉你的好方法，一条条试一下，让真实的结果引导自己走向最适合的情绪管理之路。

这样做的好处是，也许一开始面对情绪，你只能认可其中一部分的处理方式，随着不断深入的试错，情绪的梳理会变得越来越清晰。

并且，在情绪稳定的情况下，你会有更多的专注力可以高效完成许多事情。

情绪场景描绘：描绘坏情绪的失控场面 / 憧憬情绪得到控制的美好画面。

情绪上来时，我们往往没有足够的理性去控制住自己。面对这种情况，我的做法是每月总结自己时，顺带梳理当月的情绪状态，并且会描绘坏情绪造成的失控场面和一系列的连锁反应，憧憬一下情绪得到控制时，整个人都处在相对愉悦的场景之下的情形。

多次使用情绪场景描绘这个方法，你会讨厌总是情绪失控的自己，爱上情绪稳定的自己。

我从一个敏感、小气、爱哭、爱闹的小女孩，成长成现在这般成熟、状态稳定的女人，我用了好长一段时间，也经历了无数次因为情绪问题带来的经验教训。现在的我，基本全部的精力都用在解决问题上。

当然，我还是会有情绪敏感点，但我已经学会把情绪失控控制到最小范围内，情绪稳定无内耗，每天的生活都会变得高效。

以上就是本篇文章的主要内容了，我们做一个总结：

第一个知识点：了解情绪内耗的三大根因。

第二个知识点：当自己处在愤怒、焦虑状态的当下，该怎么办？

第 3 节

人生清单法：让清单成为你的贴身行动管家

我是不折不扣的清单控，一开始我对清单的理解是大家常见的清单方式，像每日清单，每天早上上班时写下当天所有的行动计划，然后照着行动计划开始行动。

我相信大家对每日清单并不陌生，而今天我要和大家分享的是升级版的人生清单法，也可以叫作"人生梳理行动清单"。简单来说就是，通过清单去梳理自己的人生，为自己的人生卡点找到突破的突围行动清单、为自己的人生方向找到行动指导清单。

首先，你需要了解人生清单法的三个步骤。

第一个步骤，认清自己的问题和现状是什么。

第二个步骤，针对自己的问题和现状你是怎么想的。

第三个步骤，针对某一个具体的问题你会怎么做？

以上三步是清单梳理人生的三个维度建议，看到这里会不会觉得有一点抽象，接下来跟大家分享一下我的六个人生梳理清单。

值得注意的是，我建的是自己进行清单梳理的整个框架清单库，我写得比较详细，并不是要求读者一下子就要把自己的整个清单像我一样梳理得那么清楚。但是，你可以先根据我给你的灵感和启发搭建一个清单库框架，再找时间，慢慢把里面的每份清单丰富好。

第一个，人生清单法之亲子清单。

亲子清单，我为它搭配了一个概念，叫作重走人生路。

这份清单里记录了我跟我小孩在相处过程中遇到的各种各样的问题，罗列下来之后，我会去写自己针对这样的问题是怎么想的，以及自己会怎么做。

在下一次遇到类似的问题的时候，我就不需要再去思考了。只要把整理好的这一份清单拿出来看，我就能知道自己在非常理性的时候是怎么样看待这个问题的。

不知道大家是否赞同，育儿是一件特别有挑战的事情，而且，我们在跟小孩交流的过程中常常会产生不理性的情绪。这份清单的目的就是让大家在理性时写下自己跟小孩相处中遇到的各种各样的问题，并制定相应的解决方案，这样当类似情况再次发生时，我们就可以去参考这一份亲子清单了。

简单来说，人生清单法的目的是不让同样的错误反复发生，你可以利用人生清单法一点点去克服人生中遇到的各种各样的问题。

第二个，人生清单法之爱情清单。

我发现在所有关系里，最影响我状态的是亲密关系，一旦我跟我先生吵架，好几天的状态都不会太好。

举一个特别有趣的例子，在没有用人生清单法思维赚钱时，我完全没有发现，自己以前常常在晚上跟老公吵架，在吵完架之后会出现这样一种状态：在吵架之后，我老公睡得很好，而我因为心情特别不好，常常会一整夜失眠。

习惯用清单法梳理自己的人生之后，我把我跟老公之间常常会在晚上吵架这一件事情给写了下来。

在写下来之后，我问自己：我真的想跟我老公吵架吗？

答案当然是否定的，于是我调整了自己跟他吵架的时间段，以及问自己大概会因为什么样的问题跟他吵架。有了清晰梳理之后，我基本上没有再在晚上跟他吵过架了。

我真的不想因为吵架影响自己的睡眠，也更加有意识地去察觉自己，每一次跟自己的另一半吵架是因为什么样的原因？

除此之外，我会把这个清单法跟我老公一起分享，常常会和他强调，最近几年自己成长进步很快，在这件事情上，他的看法是什么？

我会发现这种潜移默化的交流方式对亲密关系的润滑起到了

很大的作用。我们也会共同来制定这份清单，这个过程会让他更加愿意跟我一起来成长、精进。

第三个，人生清单法之亲情清单。

在我还没有使用人生清单法思维之前，我跟家人在相处过程中常常会发生一些不愉快的争执，而且我会特别喜欢跟他们表达自己的不满。

但有了亲情清单之后，我会引导自己在跟家人沟通与交流的时候，要更多地倾听他们的想法，而且也会在亲情清单上写上跟自己家人沟通的频率，感情迅速升温。

第四个，人生清单法之行动清单。

行动清单来源于我发现自己以前是一个行动力不太强的人，而且遇到很多机会的时候，第一反应是拒绝。

在有了人生清单法思维之后，我把我自己最喜欢拒绝的那一类事情全部写下来，写下来之后，我会分析自己选择拒绝、害怕失败以及害怕丢脸的原因。结合这种怕失败、怕丢脸的行为，我会引导自己在下一次再遇到一些可能需要我行动的事情时我该要怎么做，以此降低我想要行动的心理障碍。

第五个，人生清单法之最短路径清单。

我常常会收到学员反馈，最短路径清单的概念对大家的影响是最大的。在这里，我会更加详细地跟大家讲解最短路径清单。

以跑步为例，以前我为了养成跑步的习惯，常常对自己进行暗示要每天早上起床跑步。后来我发现，虽然我有这样一个想法，但还是无法坚持跑步。

有了人生清单法思维后，针对跑步这件事情，我设立了最短的路径清单。

这个最短路径有三点：

第一点：提前一天晚上准备好第二天要跑步的装备。

第二点：每天早上起床之后问自己"我今天要跑三公里还是五公里"，不管答案是三公里还是五公里，跑步的习惯就坚持下来了。而在以前，我会在起床之后第一时间问自己"今天要不要跑步"，得出的答案常常是"我今天不想跑"。

第三点：我会把跑步过程中要听的音频提前下载好，在下载好之后，只要一踏出我的房间门，就可以一边听音频一边跑步。对我来说，这样跑步会变得特别容易坚持。现在跑步已经成为我的习惯，不跑反而不舒服。

所以，最短路径清单的意思是，为你想要养成的习惯去列一个能够坚持的最短路径的清单。

第六个，人生清单法之最长路径清单。

跟最短路径所对应的还有一个概念叫作"最长路径清单"，你可以为你想要戒掉的习惯去设立最长的路径。

比如，你是一个特别喜欢吃零食的人，怎么戒掉？最长路径就是不要去买零食，每一次看到零食的时候自我暗示"我这一次先不吃，我晚一点再吃"，延迟吃零食的行为。

所以，最短跟最长路径是有助于大家去养成或者戒掉自己的习惯的。

最后，再给大家一些关于其他的清单的灵感启发。

其他清单可以包含很多，大家可以自由发挥。

比如，像出行的清单。在我没有清单思维的时候，每次去旅游都会忘记带一些东西，或者是我带小孩出行，会忘记带他的药、奶瓶等。

但是有了出行清单概念之后，我每一次出行前会把对应的清单打开来看，这样自己要带什么东西就一目了然了。

其实人生清单法思维更多的是框架，是对你平常输入的一次解决方案的整理，是你冷静地坐下来想如何具体解决人生中遇到的问题。

当我们学习了很多之后，需要通过解决问题的方式进行输出，所以，清单更多的是一个指导性的列表或者是一个大的框架。

在我看来，人生清单法思维非常有用，因为我自己人生的秩序感就是通过这个思维实现的，大家一定要建立用清单梳理和管理自己人生的思维。

当你发现有一个问题反复出现在你的人生当中时，你就找一个安静的时间，然后问自己这个问题是什么？针对这个问题你是怎么想的。你会怎么做？三个问题，就可以把自己的一份人生清单梳理出来。

本篇文章就到这里了，我们总结一下：

第一个知识点：人生清单法的三个步骤。

第二个知识点：给大家分享我的六个人生梳理清单。

第 4 节
行动促进：自建有效的反馈体系，让行动更高效准确

有很多读者在学习的过程中，只关注不断地学习，从来不衡量学习的效果，或者是想衡量学习的效果，但是不知道怎么做。本篇文章我将带大家一起来学习如何通过自建反馈体系，有效衡量学习效果，带来持续行动的动力。

首先，我们来到第一个维度：从社群中获得反馈，社群是指我们参加的线上微信群等类型的社群。

你可以主动找到跟自己一起参加社群、愿意一起抱团成长的小伙伴，以两到五个人为一个小组，在小组群里互相交流学习，并鼓励对方去行动和实践。

当然，你也不一定要马上去勾搭社群内的任何人抱团成长，但是你可以通过社群找到一到三个对标的榜样，去观察对方的行

为路径，默默进行对比就好。默默对比了一段时间之后，你可能会有更大的兴趣和动力去私聊对方，抱团成长。

一个人要坚持很难，但一群人相互鼓励会让坚持变得简单很多，抱团成长的小伙伴可以互相监督对方的学习进度。

每次参加一个社群，建立一份对应的学习文件夹，除了学习和记录社群老师教授的内容，还可以学习社群的运营方法，多维度去吸收和应用社群里教授的方法。通过这种方式的学习，你会发现自己参与社群的状态越来越自如，而不是像以前那样看到扑面而来的群内消息会特别焦虑，甚至是干脆不再看社群内的消息了。

第二个维度：从对标的榜样那里获得反馈，通过找到对标榜样并超越对标榜样，认识到自己的成长进步。

"对标榜样"这个概念我在本书反复提过很多次，希望大家重视起来。

榜样清单最开始只要有一到三个榜样就行了，榜样人数太多了反而会混乱，我最常用的叫作"榜样上身法"。简单来说就是，当我想偷懒、退缩的时候，就问自己，如果我是自己的能量榜样，会做什么样的选择和决定。

当我们对标了榜样之后要有行动力，如果你没有行动力的话，对标也不会有结果。除此之外，如果你发现自己通过学习已经掌握了很多方法，但依然还是没有任何效果的情况下，不要再继续学习了，而是要突破行动力。

当你持续对标榜样，你会发现，以前的自己觉得榜样高高在上、无法触及，而现在你会觉得，榜样在做的事情自己也能慢慢做到，这就是正向的反馈。

我在人生成长进步的每一个阶段，都会找到一到三个对标的榜样，并且用最快的速度超越榜样，再继续寻找下一个榜样。

第三个维度：从公众演说的表现中获得反馈，从惧怕站上舞台到对舞台上瘾。

抓住任何的机会跳上舞台，最开始你需要说服自己不怕丢脸，之后你会发现越是不怕丢脸，自己丢脸的次数就会越少。

当你开始这么做，你会有对比，第一次公开上台的时候你是不自信的、紧张的、不流畅的。

等到你上台展示的机会越来越多之后，你会发现自己越来越自信，然后也不那么紧张了，表达也很流畅了，甚至会爱上这个舞台。

这种感觉特别爽，像我自己以前对站上舞台是恐惧的，现在真的对任何上台的场合都不怕了，随时都可以演讲，这就是内在良性的反馈。

第四个维度：在写作能力上获得反馈，从完全写不出文章到灵感涌现。

如果有某一天，你发现自己的文章开始慢慢受到好评了，也会有人跟你反馈你的文章让他们很受益，这就证明你进步了。

与此同时，你会发现自己写文章比以前更有灵感了，而且写完一篇文章所需要的时间比以前更少了，效率也得到了提升，这就证明你的写作能力在得到提升。

第五个维度：在事业发展上获得反馈，从工作表现平平到开始获得上司的夸奖。

如果你发现自己处理工作变得更加得心应手，不像之前那样在遇到工作上的困难时不知道怎么样往下推进，而且你的朋友对你的评价是：你虽然看起来很忙，但是你看上去状态很不错。

与此同时，你会发现，如果你想要换工作，会变得非常的简单，不需要像以前那样投很多的简历，你会发现有很多人会协助你找到工作，甚至是你不用再找工作了，可以自己创业。

你能够自我察觉到自己在做很多事情时内心都是很开心、很有热情的，也能感受到所做的事情的成就感。

第六个维度：从"双生子"那里获得反馈，从一个人变成一个小团队。

"双生子"是指你可以在互联网上或者参加线下活动时，找到另一个伙伴，两个人互相约定在之后的日子里，无论是在学习还是在其他方面，互相结对共同成长。

"双生子"意味着两个人能够互补。如果你自学能力很强、成长动机很明显，说明你是比较理性的，你可以跟一个相对感性的人结成"双生子"。当感性的一方出现情绪波动的时候，理性的一方会跳出来进行自我调节。

第七个维度：从专家那里获得反馈，这是最快速获得反馈的一种方式。

当你遇到难题的时候，学会向专家请教，你要尝试付钱去做一对一咨询，或者是付钱去租一个成长导师陪伴你成长。在学习过程中你可以运用清单思维及时反馈，比如说一次学习结束后，你要及时复盘，了解在这次学习中你是有热情的还是没有热情的。

你也可以抛开同伴，自己成为自己最好的导师，遇到任何的难题，都可以通过自学的方式进行解决。

比较建议的是两者相结合，当遇到一些专业问题的时候，你能想到马上向专业人士进行咨询；当遇到一些自己可以克服的问题的时候，可以通过自我学习解决难题。

以上就是有效衡量学习效果的七个维度，每个维度我都用过很多遍。

大家学完这七个维度后要怎么做呢？很简单，针对每一个维度都写下你的对外和对内反馈行动计划清单，然后根据清单逐一尝试，找到最适合自己的反馈体系。这样你就能知道自己处在学习效果的哪个阶段了。期待你的行动哦。

本节课就到这里了，我们做一下总结，本节共讲了自建反馈体系的七个维度：

第一个维度叫作社群反馈。

第二个维度叫作对标的榜样。

第三个维度叫作公众演说。

第四个维度叫作写作。

第五个维度叫作事业发展。

第六个维度叫作"双生子"。

第七个维度叫作咨询导师。

第 *5* 节
自我奖励：懂得奖励，才是你成为人生赢家的关键

现在的你，够不够自信？什么叫作自信？

一个简单的标准是：在任何环境里，你敢于表达自己的观点。

且不说观点正确与否，因为每个人的标准都不尽相同。

但大部分的人，是完全不敢表达自己的观点的。

你是不是也是如此？

人们不敢表达自己的观点，很大程度上是因为陷入了这样的一种心态：怕出丑，干脆我就不说了。

其实，大部分的人活在了自己想象的恐惧中。而且如何面对出丑这件事，是有选择的。

你可以选择这样想：出丑真的是丢死人了。

但我更建议你拥有奖励的心态，把每一次的出丑和试错，看作是奖励你离最好的自己更近了一步。

人无完人，我们需要给自己充分的奖励。

你身边那些喊着爱自己的人，不一定是真正地爱自己。

爱自己不是在现实中拿着 5000 元的工资，却在朋友圈过着 5 万元的人生。

也不是明明心情不好，还压抑着自己的情绪，强挤出笑容。

懂得奖励自己是指当你的人生越过越顺时，在迎接人生的机会时，丝毫没有不配得到的心态。

当你迷茫、沮丧时，你愿意接纳不完美的自己，再找机会，继续努力。

我的闺蜜 L，在这点上对我的影响很大。

L 放在人群中，丝毫不抢眼。

但是你一接触她，就会迅速喜欢她，她是一个超级无敌会"奖励"人的人。

成为她的闺蜜后，我知道她的人生也不尽如人意，最低潮时，爱情事业双失利！

但即便在那个时候和她接触，你也丝毫不会从她身上感受到丧气。

我曾心疼地安慰她，如果真的难受，不必强颜欢笑。

L 内心笃定地反过来安慰我："会痛苦啊，我只不过想成为痛苦渐渐减少的那一类人。"

因为她习惯了奖励自己。最开始认识她时，我是不适应的，你会听到她在做任何事情时，都在不断地鼓励自己。

如果遇到一些不开心的事，她常用的口头禅是"哎呀，没有关系，下次注意就好"。

我曾认为 L 这样的心态并不难学，就按着她的做法践行了一段时间。之后，我才深刻感受到：一件看似简单的事，做一次是不难，难就难在使其成为生活的常态。

我可以在生气的时候，鼓励自己别在意，下一次做得更好就好。然而并不是每一次都能做到。

学会短时间内鼓励自己确实很容易，但是要让时刻鼓励自己成为人生的常态，就是一种修炼了。

问 L 是如何做到的，她的回答很简单："懂得对自己的人生喊停，把任何负面的想法，试着反过来想一想，转变成一种奖励自己的心态。"

你可能会说，这样真的有用吗？

从表面上看，插座是多么普通的一件物品，但是充上电的那一刻，却可以带来源源不断的电力。

我很喜欢看着手机被一点点充满电的感觉。

总是对自我进行鼓励和奖励，就是给自我充电的过程。

大部分的情况下，我们做出不理智的决定，确实是因为太着急。

人在着急的状态下，大脑是会丧失掉一切思考能力的。

喊停不是指人生要完全慢下来，而是在着急的状态下，给自己一点缓冲时间。

然后再用奖励的心态，去对待自己遇见的事。

懂得奖励，除了奖励自己，还要有奖励他人的心态。

想起陶行知先生和四颗糖的故事：

陶行知先生在做校长时，一天，在校园里看到一个男生正想用砖头砸另一个同学。

陶行知及时制止，同时令这个学生去自己的办公室。在外了解情况后他回到办公室，发现那个男生正在等他，便掏出第一颗糖递给他："这是奖励你的，因为你很准时，比我先到了。"

接着又掏出第二颗糖："这也是奖励你的，我不让你打人，你立刻就住手，说明你很尊重我。"

该男生将信将疑地接过糖。

陶行知又掏出第三颗："据了解，你打同学是因为他欺负女生，说明你有正义感。"

这时那个男生已经泣不成声了："校长，我错了。不管怎么说，我用砖头砸人都是不对的。"

陶校长这时掏出第四颗糖："你已经认错，我们的谈话也结束了。"

陶先生以出其不意的奖励感化教育，轻而易举地攻破了学生的心理，圆满地达到了教育的目的。

大部分的人面临这种情况，都无法达到陶先生的高度。

奖励他人的心态是指：学会站在对方的角度看问题，让对方从内心深处认可自己的做法。

解决问题的方法有很多，我们往往做了最先想到、效果最差的那个选择。

与此同时，懂得自我奖励会让你拥有一副乐呵呵的心态。

你的每一次自我奖励，都渐渐成长为身体的一部分，而你的每一次对他人的奖励，也是在自己心中种下更多宽容的种子。所有的这一切，才有了你现在安静而从容的姿态。

愿我们不要总是片面地看待这个世界，而是主动选择被世界温柔地对待。

以上就是我们本篇文章的主要内容了，总结以下：

第一个知识点：懂得自我奖励首先要学会自我奖励。

第二个知识点：懂得奖励，除了奖励自己，还要有奖励他人的心态。

第四章 >>>

巩固复盘篇：巩固复盘，让人生进入正向循环

第 *1* 节

1+N 公式：人人都能学会的事业、家庭平衡秘籍

在公众场合，女性最容易被问到的一个问题是：如何做到家庭和事业两不误。

前央视主持人张泉灵在接受采访被问到这个问题时，她对记者直言："我讨厌这个问题，我认为女性企业家不需要承担这个压力。"

我也不例外，常常会被问到这个问题，事实上是我一点都不反感这个问题，而且在公开场合我一直都强调，自己是一个平衡人生践行家。

工作上，我是两家创业公司的 CEO，我坚持早到公司，相对准时下班；家庭中，我是两个男孩儿的妈妈，我坚持工作日尽量每天都有时间陪伴宝宝，休息日最少有一天全天的时间陪伴他们。

多重身份当中，我曾创造了一个又一个纪录。我曾试过一个

月讲28次课；一天写4篇可以直接公开发表的文章；一日当中完成3个"在行"学员的约见；一个月回答近1000条问题……在这个高强度工作过程中，我还能照顾好家庭，保持每天学习的习惯，以及管理好公司。

当然，平衡不应该是女性专属的问题。

科学家颜宁曾经说过："其实我个人没有感觉到因为性别而受到任何歧视。但我认为现实中有很多对女性的要求是不公平的，比如说女性怎么平衡事业和家庭。这本不是女性专有的问题，而是两性问题。"

在面对平衡问题时，我创造了一个方法，叫作"1+N平衡公式"。

什么叫作"1+N平衡公式"呢？

1+N的1代表每个阶段我们都要有自己的人生重心。

比如说刚创办公司那个阶段，1是事业。

N是什么意思呢？N是指那些虽然现阶段不是最重要的重心，但是长期来讲却是非常重要的。

不要因为很忙就忽略掉了，如果忽略掉的话，你的未来可能会为此付出代价。

这个N可以是我们长期看重的事项维度，比如：

亲密关系

亲子关系

个人成长

健康

事业

……

像前面提到的，即使刚创办企业，我也不可能只管我的事业，我还是会抽出时间照顾家庭、保持学习的状态。

每个阶段分配给事业和家庭的时间长短可以根据自己的实际情况来调整。

那么，该怎么用好这个"1+N平衡公式"呢？

我大概是每隔一两个月会问自己：现阶段的重心是什么。

找到重心之后，要把60%～80%的时间放在这个重心上，然后这个就是1。

剩下20%～40%的时间可以放在N上。

有句话叫作：注意力在哪里，能量就在哪里。

所以"1+N平衡公式"既能帮助我们找到每个阶段最重要的重心方向，把60%以上的时间、精力、金钱都花在这件事上，又时刻提醒我们，别完全忽略其他我们看中的人、事、物。

拿生孩子坐月子这件事来举例。

我在坐月子期间所有的一切以自己为重，工作基本上都提前对接给同事了，但是我仍然在通过听课等方式保持学习和个人成长。除此之外，这个 N 里面还有许多我非常看重的，比如跟伴侣之间的关系，跟我大儿子之间的关系，我的大儿子每个周末都会来月子中心陪我。

我身边有一些比较厉害的女性自媒体朋友，因为自己事业发展得很好，所以就把全部的精力和时间都放在了自己的事业重心上，却忽略了自己的家庭，最后导致跟自己的另一半决裂了。

当然，如果你认为事业对你最重要，其他的都没那么重要，你可以不参考这个公式，但我知道，大部分的人应该还是希望自己的人生相对是平衡一点的，那就可以用这个"1+N 平衡公式"来达到平衡人生的状态。

最后一点，如果你的"1+N 平衡公式"里的 1 积累多了，那么你在很多领域都可以做得越来越好。

我的学员常常问我，为什么我在许多领域都有专长。

因为在践行"1+N 平衡公式"上，我的行动力向来都很强。

最开始在找自己每个阶段最重要的身份的时候还是非常吃力的，而且常常会因为太过注重每个阶段最重要的事情，而忽略了公式里的 N。

后来把这个"1+N 平衡公式"用习惯了，才发现真的非常好用。

近四年的时间里，每隔一两个月我都会调整自己的重心，而且当我找出当下阶段最重要的事情时，我都能够全神贯注地把这件事情做好。

这几年的时间里，我每个阶段的重心更换过很多次，但是每一次把重心放在对应的事情的过程当中，相对应的技能都能得到很大的提升。

很多人会认为，空杯心态很重要，但是在利用这个公式的过程当中，我有一个新的感悟，我们每个人的人生都是可以通过自己的努力进行积累的，所以每个阶段的1的选择都能够让自己对应的能力变得越来越强。

一个真正优秀的人在用好这个公式的过程中，会逐渐达到平衡的人生状态。

事实上这个公式里，每个阶段重心的1还可以从我们看重的N里面去进行挑选。

以上就是本篇文章的主要内容了，我们来总结一下：

第一个知识点：一起来了解什么叫作"1+N平衡公式"。

第二个知识点：该怎么用好这个"1+N平衡公式"。

第三个知识点："1+N平衡公式"里的1积累多了，我们在很多领域都可以做得越来越好。

第 2 节

状态恢复：五种方法，让你快速恢复高能量状态

有段时间我频繁生病。先是感冒，那几天狂喝柠檬水，吃橙子，居然短短 7 天就全好了。

后来气温开始急剧下降，因为送儿子回老家，而老家的温度更是低到只有 1 摄氏度，旅途劳累加上寒气入侵，回到深圳后，咳嗽不止，整宿整宿地咳，整整咳了大半个月。

咳嗽过的人都知道这病有多恐怖，那段时间我心中的念头只有一个：只要能让我咳嗽快点好，其他的什么挫折我都能接受！

后来我先生查到一个偏方——白萝卜切片煮水，连水带萝卜一起喝掉，喝了好几天有了好转，慢慢好了起来。

这是属于身体上的折磨。

《奇葩大会》第二季请来了《二十二》的导演郭柯。

电影《二十二》是一部纪录片，讲的是一群慰安妇的晚年生活。

2012年，"慰安妇"幸存者有32位，2014年开拍时，仅剩22位。

郭柯在《奇葩大会》里讲了其中一位幸存者韦绍兰奶奶的两个小故事。

一个故事是，韦绍兰奶奶一直过着非常清贫的生活，郭柯看到烧火的木材快用完了，问明天该怎么办。韦绍兰奶奶回答说："明天的事明天再说！"

另一个故事是，郭柯给她买了个小电饭煲，问她会不会用。92岁的韦绍兰奶奶回答说："人哪有生下来什么都会的呀，我可以学！"第二年再去时，奶奶早已会用电饭煲了。

郭柯导演这段分享的主题叫《忘不了那段历史的不是她们，是我们》。

比起身体带来的状态不好，更多的时候，我们是因为情绪等原因引起了"精神生病"，状态更糟糕。

现代人精神上的生病，很多的时候是因为想太多。平时身体上的一些小疼痛，我们相对容易发现并且能找到一些应对的办法，至少懂得寻求医生的帮助。而精神生病，比如焦虑、迷茫、无所事事等，则会让我们陷入更糟糕的状态。

有这样一则寓言故事。两个口渴的人找到半杯水。快乐的人想："啊，我终于找到水了！虽然眼下只有半杯水，但千里之行，始于足下，有良好的开端，我一定还能找到更多的水。"于是他变得开心起来。而苦恼的人则想："怎么就只有这半杯水？就这半杯水有什么用？"一气之下他摔掉水杯，然后坐以待毙。

我们不能完全阻止一些事情的发生，但以何种姿态迎接，却是我们可以选择的。

状态不好时，你可以试试以下五种方法，能让你快速恢复。

1.吃一些"治愈系"的食物。

"治愈系"食物可以分为三类：

一类是你特别喜欢的食物。比如说我最近特别喜欢椰枣和山药薯片，家里一定会各备几包。

喜欢的事情做起来干劲更会足，喜欢的食物亦是如此。

第二类是相对健康的食物。比如碱性食物（柠檬水等）、坚果类食物（腰果、杏仁等）。你也可以去买那种每日坚果包，里面是已经搭配好的一日分量的坚果，每天一包。

第三类是口味重一点的食物。有段时间我感冒了，恰逢一群朋友一起在家做日本料理，失手多蘸了点芥末，塞住的鼻子居然完全通了，那酸爽，击透了整个身体。

如果在没有生病的情况下，纯粹是情绪上导致的状态不好。特别推荐你与一堆好友，吃个火锅、撸个串，酣畅淋漓。

如果有什么问题，吃一顿火锅解决不了，那就吃两顿！

2.翻阅平时收集的治愈清单。

其实，很多功夫都是做在平时的。我平时喜欢做的事就这么几样：收集一些大自然的声音，疲惫时闭上眼睛听一听；写一些成就日记，不自信时看一看；翻看一些励志金句和故事，瞬间满血复活。我还有一本反复看了多次的书——《生命的重建》，状态不好时，花上一两个小时重温，很快就能恢复。

3. 运动。

我身边那些特别开朗、乐观的人，无一例外地喜欢运动。

我有很多次，想不明白一个问题、陷入一种情绪状态当中时，二话不说，穿起跑鞋到楼下绕着小区跑上几圈。

很多人误以为想不明白一件事需要死磕，这其实是不必要的。

美国著名创造学大师罗吉尔·冯·奥赫博士在他写的《创造学思想录》中有一篇文章的小标题就是"放松"。他告诫人们对待"创造"不要过于严肃，而是要放松。

在跑步的过程中，身体和精神都得到了放松，对一些难解的问题，也能有好的灵感。

4. 警惕过度做一件事。

状态不好时，大部分人的第一反应是要对自己好一点，那就去做一些平常不怎么做、不舍得做的事，比如疯狂刷屏、追电视连续剧、看小说等。

我是比较赞同这种替代法的，但有一点，你要找到自己的极限时间。

有一年春节，我给自己放了一个长假，没想到闲下来后状态反而更不好了，一种没有目标、无所事事的感觉席卷而来。于是，我给自己安排了追剧的环节，常常是一看就超过了 3 个小时。一开始还很开心，后来发现情绪莫名低落，而且头昏脑涨。

所以，你需要警惕过度做一件事。

5. 走出去社交。

为什么是社交而不是找一个熟悉的朋友聊聊天？

社交是多人的交流，环境也比较开放。

找熟悉的朋友聊聊天，说实话，熟悉的朋友因为太了解你，反而不能让你内心的一些转变点得到触动。而且，对方肯定不止一次听你说过类似的事，她也有自身的耐心，而你也不一定愿意把一切都毫无保留地告诉对方，很多时候，问题都得不到有效解决。

我更推崇大家走出去社交，比如参加当地的一些社群组织的读书活动，或者是户外活动。

人生之事，不如意常十有八九。接受这个前提，当状态真的不好时，你才能用平常心对待。

再加上一些对你有用的方法，状态会恢复得更快些。

而好的状态，才能真正让你拥有好的人生。

以上为本篇文章的主要内容，总结如下：

第一个知识点：状态不好分为身体上的和精神上的状态不好。

第二个知识点：状态不好时，你可以选择试试上述五种方法，能让你快速恢复。

第 *3* 节
年度目标：人生年表，摆脱无法完成年度目标怪圈

目标感强的人更容易成功。

哈佛大学有一个十分著名的关于目标对人生影响的跟踪调查，对象是一群智力、学历、环境等条件都差不多的年轻人。

调查结果发现：27% 的人没有目标，60% 的人目标模糊，10% 的人有清晰但比较短期的目标，3% 的人有清晰且长期的目标。

25 年的跟踪研究结果显示，他们的生活状况及分布现象十分有意思。那些占 3% 有清晰且长期目标的人，25 年来几乎都不曾更改过自己的人生目标；他们一直都朝着同一个方向不懈地发奋；25 年后，他们几乎都成了社会各界的顶尖成功人士。

而那些占 10% 有清晰但比较短期目标的人大都生活在社会的中上层。

那 60% 的目标模糊者和 27% 没有目标的人群，几乎都生活在社会的中下层，没有什么突出的成绩，只能在自己的工作中怨天尤人。

调查者因此得出结论：目标对人生有巨大的导向性作用。成功在一开始仅仅是自己的一个选择。

如果你的生活现状是每天没有明确的重心，试着给自己订立一个目标吧。

同样，史蒂芬·柯维在他的畅销书《要事第一》中提出了一个以原则为中心的方法，它超越了推崇更快捷、更努力、更机灵的传统方法，不是给你提供另外一个时钟，而是给你一个罗盘——因为比速度更重要的是前进方向。

而前进的方向，就是由你的目标带来的。

每个月都有非常多的学员来参加我的各种课程进行学习，我发现，有一类人整个的发展状态会比另一些人要好很多，这一类人的特点是，他们会为自己的行动做好目标管理。

比如我的学员小因就属于这种情况，她在跟我学习之前完全没有订立学习目标的习惯，跟我学习之后才开始有意识地订立学习目标，学习效果比以前翻了一倍还多。

设定正确的目标有三个关键点。

在《原则》一书中，作者提到了个人成长的五个步骤：

1.设定目标。

2.发现问题，对问题零容忍。

3.诊断问题。

4.设计方案。

5.完成任务。

这五大步骤中，最重要又最困难的就是设定目标。大部分人都懒得思考和探索在人生的每个阶段，究竟什么才是对自己最重要的。

如果试图一次性将自己的终身目标定下来，直接导致的结果就是，你可能找不到自己的目标，或者觉得自己的目标太大，根本没有信心去实现它。

针对设定目标这一步骤，《原则》一书里提到的三个关键点特别重要，有时候你坚持不下去，是因为你的目标本身设定有问题。

1.不要混淆"目标"和"欲望"。

目标是你真的想实现的东西，而欲望是你想要但会阻碍你实现目标的东西。

例如，你的目标是身体健康，欲望却总是控制不住想吃可口但不健康的食物。单从结果来看，目标是好的，欲望是不好的。

2.避免主观性。避免基于自己主观意愿设定目标。

一旦开始投身到实现目标的过程中，会需要大量的思考、反思，耗费大量的时间来最终确定实现目标的方案和具体任务。

所以设定目标时，不要一开始就下结论说能不能实现。先大开脑洞地设定你的目标吧。

3. 坚信目标能实现。这需要你坚信没什么是办不到的。

即使当下不知道怎么操作也不要紧。只要刚开始坚定这个信念，按这个过程依次推进，实现目标后，就会获得真正的自信。

如果你愿意，刚开始可以设定一些简单普通的目标，小有成就后就能增强信念，个人志向也开始日趋宏大起来。

那么，如何设定年度、月度及每日目标呢？

关于目标管理，托尔斯泰有句名言："要有生活目标，一辈子的目标，一段时期的目标，一个阶段的目标，一年的目标，一个月的目标，一个星期的目标，一天的目标，一个小时的目标，一分钟的目标。"

这句话看起来很夸张，仿佛我们人生的每一分每一秒都需要有目标。

但目标会像灯塔一样，如果你是一条在河中摇摆前行的船，再微弱的灯光也能在黑暗中指引你的方向。

从大处说，目标可以是找到自己一生的热爱，终其一生只追求一个维度。

从小处说，写下当天的 To do list，从过好每一天做起。

真正好的人生，是自上而下地制定目标，再自下而上、一步步认真行动。

如何设定自己的年度目标呢？

年度目标最佳的设定时间是在每一年的年底，然后为自己的明年去设定一整年的目标，因为年度目标相对是比较大的目标，给大家的建议是可以分不同的维度去进行设定。比如我自己设定的年度目标是主业、副业、财富、身体、健康、关系、个人成长这七个维度。

年度目标最重要的作用是帮助我们从未来倒推现在，看清自己的方向。比如我们想要出发去一个地方，如果没有目的地，那么我们无论如何都没有办法抵达。但如果设定了一个目标，可能性就会大大增加了。当目的地确定之后，我们可以选择是开车去、走路去还是骑自行车去，这样目标就更容易实现了。

如果用一个词来形容年度目标，这个词就是方向。年度目标更多的是激发我们对自己人生可能性的一种想象。

如何设定自己的月度目标呢？

月度目标是对年度目标的一种拆解，制定月度目标，最好的方式是在每一个月的最后一天为下一个月制订计划。

如果用一个词来形容月度目标，这个词就是计划。月度目标是对年度目标的拆解，是需要按照时间进度进行拆解的。比如说，你为自己设定的年度阅读目标是读完120本书，那么拆解到12

个月来看，每个月需要阅读 10 本书。

月计划除了是对年计划的拆解之外，还有一个非常重要的作用。我们在制订年度计划的时候，有时候因为整个计划需要实现的时间太久，所以目标可能会订的太大或者太小，所以月度计划也需要对真实的推进情况做适当的调整和修改。

建议大家在制订月度计划的时候制订一个比自己的能力大概高 20% 的目标值，这样会比较合理。因为如果太高，则完全没有办法实现，会丧失掉月度计划和年度计划实现的信心；如果太简单，一下子就实现了，又会觉得没有挑战性。

月度目标的维度最好完全参考年度目标的维度，不然只会让年度目标变成空喊口号。

如何设定自己的每日目标呢？

每日目标最好的设定时间是在每天早上起床之后，或者是每天晚上睡觉之前。

如果用一个词来形容每日目标，这个词就是行动。因为有很多人眼高手低，虽然他们制定了年度和月度目标，却忽略了每一天持续行动的力量。

不管是年度目标、月度目标还是每日目标，最好是每一天都打开来看一看。每天结束时，都要问问自己，当天为了实现这些计划，我们做了哪些行动。

除此之外，一定不能忽略微小行动的力量。

此前，我自己的基础是很单薄的，但就是因为每一天都做好了自己的计划，踏踏实实地把事情做到实处，才有了现在的自己。

我是怎么做的呢？比如说，我下个月的计划是想要开一门新课，那我每一天一定要做的事情就是，我要为这个新课去准备大纲、准备文案、准备课件记录。

没有人能够仅凭想象就实现自己的人生梦想，一定是每一天摸得着、看得见的行动，才能够让我们的目标真的实现。

在这里，再跟大家分享一个如何让自己每一日都能有效行动起来的小技巧。

每天中午 12 点，问自己一个问题，今天的进度已经过去 50% 了，我具体做了什么事情？如果答案是真实做了一些事情，就把它写下来。如果什么都没有做，就要求自己下午的时间，从月度计划里挑具体的事情出来做。

说完了年度、月度及每日目标的设定，那么如何设定合理的目标数量呢？

据我的观察，超过 80% 的人在制定目标的时候会抑制不住想要制定很多的目标数量，然后在执行目标过程当中，发现自己完成不了，就会产生各种各样沮丧的情绪。

路是要一步一步走出来的，饭是要一口一口吃的，每个人在开始的时候都会遇到阻碍，做不了那么多事情，但是我们要在相应的阶段去努力改变，并且要多给自己正向的反馈，这样才能让你拥有能力边界上的扩大和自信心的增强。

最后再给大家一个检查清单：

第一步：你的目标数量是合理的吗？

第二步：怎么衡量是否合理？

如果你每天都能够完成自己定下的任务，说明是合理的；反之，如果你总是完成不了自己定下的目标数量，则不合理，那就意味着你需要减少目标数量了。

第三步：奖励。

一旦你持续完成任务，你就要给自己精神和物质上的双重奖励，让你的大脑接收到的反馈是你真的有能力完成这些事情。

当你持续10天以上都能够完成任务的时候，可以适当增加任务的数量，然后再进入到前三步的正向反馈当中，发现自己的问题，才能够去解决问题。

最后想问大家，你是眼高手低的人吗？

如果你是，请先降低目标数量，我们要量力而行。比如，当你大致知道自己一个月、一周或者一天能完成多少任务时，那就罗列出自己能力范围之内能完成的任务目标。

你有没有发现，这个环节是让大家做减法的。有句话叫作"破罐子破摔"，当你习惯了当"积极的废人"，你就会觉得反正人生也这样了，那就继续按这种模式生活下去吧。

其实，我们还有另一种活法，就是制定合理的目标数量，完成之后让自己得到有结果的正向反馈，这样才有更大的动力继续做更多的事情。

人的能力就像锻炼过的肌肉一样，具有记忆和累积的力量。当你持续完成一些事情之后，你会发现自己的能力边界被扩大了，那个时候再去增加自己的目标数量才是最合理的时机。

以上就是本篇文章的主要内容了，我们来一起总结一下：

第一个知识点：设定正确的目标的三个关键点。

第二个知识点：如何设定年度、月度、每日目标。

第三个知识点：如何设定合理的目标数量。

第 **4** 节

破除迷茫：五个维度，带你与迷茫共舞

有段时间，我频繁外出参加各种各样的饭局，最大的感慨是，在朋友圈里看到的大家都是人前风光，真正见面交心聊天才知道：人到中年，谁不迷茫。

以至于每次饭局结束后在回家的车上，我都会感叹：生活，真不容易！

但我又庆幸，确实是遇到了对的人和对的氛围，大家才敢彼此袒露自己的心声吧。

不过说一句欠打的话，其实我过得挺好的。

这个挺好，并不是指我万事都顺风顺水，而是我内心有自己的期望值，我知道人生本不可能一帆风顺。

那么面对迷茫，最正确的打开方式应该是怎样的呢？

首先，你应该知道，你并不孤单，迷茫的人不止你一个。

正在迷茫的人很容易陷入一种状态——认为全世界只有他自己是迷茫的。

但实际上，任何时刻都会有无数人陪你一起迷茫，只不过每个人迷茫的事情不一样。

我是大家眼中活得非常通透、明白的人，这并不意味着我从来不会有低潮期。

有低潮期太正常了，这时你需要做的是，好好关爱自己，而不是忽略自己。

其实一时状态不好，真的没有什么关系。

怕就怕自己状态明明不好，还给自己找各种理由，忽略真实感受。

我们都知道，及时发现问题，处理起来是最简单的。

如果问题积累变大变多，会出现以下情况：

· 无从下手，整个人焦虑迷茫得不行。

· 无从下手，干脆放弃。

· 无从下手，选择逃避。

大抵来说，人生发展是有两个方向的，正向循环或者负向循环。

如果能够保持对自己状态的察觉，可以避免负向循环。

我相信有了这种认知之后，内心会更容易接受自己正在遭遇的迷茫。

其次，你应该活得真实。

在知行合一这件事情上，我一直都非常谨慎。

我并不是害怕人设坍塌，我是怕那些完美的人设会让我耗费过多的心力去经营，总在演戏，总有累的一天。

所以我希望自己在力所能及的情况下，以最真实的状态出现在大家眼前。

我常常说的一句话是"最好的人设就是没有人设"。

既然没有人设，哪里来的人设坍塌？

有的时候，做不到就是做不到，坦诚地承认就行。

再次，可以迷茫，但要让自己的格局有所提升。

我们完全不可以焦虑和迷茫吗？

如果你越不想让自己焦虑和迷茫，你就越容易陷入焦虑和迷茫的状态里。

就像那句话，请不要想象你头脑当中出现一只粉红色的大象。

我相信任何人看到这句话，头脑当中都会出现粉红色的大象。

在焦虑和迷茫这件事情上，有两点需要大家注意。

第一，接纳自己的焦虑和迷茫，和真实的自己待在一起。当你面对真实的自己时，因此而带来的问题也就解决掉了一半。

第二，你可以焦虑和迷茫，但你应该放大自己的格局，不要让自己再为那些鸡毛蒜皮的琐事焦虑。也许以前焦虑和迷茫的是每天的生活琐事，而现在焦虑和迷茫的是要如何更好地设计和掌控自己的人生。

然后，让自己拥有更多选择。

我的学员总是问我："Angie 老师，我不知道该怎么做选择。"

跟她聊完后我发现，她根本就不需要做选择，因为她只有一个选项。

就一个选项，怎么能叫选择呢？你就应该以此为方向往前冲就行了。

两个选择也不叫选择，充其量叫左右为难。真正优秀的人，他一定会让自己遇到的真正难题都有三种以上的解决方案，让自己的人生道路至少有三种以上的选择轨道。

即便现在没有，也会朝着这个方向去走。

所以，下一次再遇到需要做选择题的时候，不要着急做选择，先把选项丰富起来。

最后，做最难的事情。

我们做一件事情最大的两类感受：一类是爱，另一类是恐惧。

爱，相对好理解。

恐惧，却是困住一个人非常重要的因素。

其实，人类最大的恐惧全部都是心态上的，唯一的出路就是你恐惧什么就去做什么。

恐惧上台演讲，那就逼自己上台去做一次分享。

恐惧没有时间，那就想清楚，行动起来，把时间用在有意义的事情上。

当你踏过这一步，你会发现事情并没有想象中那么可怕，行动起来你就能战胜一切。

爱默生说：一个一心向着目标前进的人，全世界都会给他让路。

人生就是这样一步一步升级打怪，再朝着自己的可能性一步步向前踏进！

以上就是本篇文章的主要内容，我们来做以下总结：

第一个知识点：你并不孤单，迷茫的不止你一个。

第二个知识点：活得真实。

第三个知识点：可以迷茫，但要让自己的格局有所提升。

第四个知识点：让自己拥有更多选择。

第五个知识点：做最难的事情。

第五章 >>>

时间价值篇：如何让你的时间更值钱

第 *1* 节

发掘优势：先天发掘 + 后天发展，
找到自己的优势

　　有不少读者向我反馈，在没有找到自己的定位之前，总担心努力的方向是错误的。所以，本篇文章将会协助大家更好地发掘自己的优势。

　　为什么要发掘优势，因为如果你的优势跟自己内心所喜欢所想要做的事情吻合的话，你会更有动力把这件事坚持做下去。

　　接下来，我将带大家从四个维度去发掘自己的先天优势。

　　大部分时候，我们不知道自己真正喜欢的是什么，直到过上了这样的生活我们才幡然醒悟。

　　我不知道大家赞不赞同这个观念，但我相信很多人都有这样的感受，当你真实去探索并且找到一件想做的事情之后，你通过持续的努力让自己在这件事上获得了小小的成功，这时，你反过来仔细一想，原来自己确实是喜欢并擅长做这件事情的。

如果我们从一开始就能明确地意识到，这就是自己喜欢甚至是终身会做的事，我相信大家投入的决心会更大。那么，有什么方法可以让我们在更早期就意识到我们的天赋呢？有以下四点。

第一点：你的爱好。

仔细回想一下，从小到大你有没有特别喜欢做的事情。比如，我有同学从小就喜欢画画，也有一些同学从小就特别喜欢唱歌，后来他们在成长过程中就发掘到了自己的这种优势，并且将它们放大，让这些爱好变成了自己的职业。

第二点：你擅长什么。

擅长是指同样做一件事情，你比别人更加容易成功。

拿我自己来举例，在大学的时候，我的很多兼职工作都和销售相关，比如护肤品校园总代、超市销售员等，可能是从学生时期就锻炼出来了自信的销售底气，毕业之后在销售岗位上，我比同龄人甚至是比我阅历丰富、年龄还要大的同事更厉害一些。

擅长和爱好该如何区分？

擅长更多的衡量标准是你做一件事情，和其他人比起来，你能做得更好。而爱好是你很喜欢，但未必能做好。也有一些比较幸运的读者，爱好和擅长是一样的，那就更棒了。

第三点：你的渴望。

你的渴望是什么意思？我身边有一些朋友特别喜欢旅游，她在朋友圈里看到别人旅游的照片的时候就非常心动。

像我对旅游是没那么渴望的，我对如何提高效率、如何高效赚钱更加有渴望，当你看到别人的哪些状态会产生渴望时，这也是你发掘自己的原始动力非常重要的维度。

第四点：你的性格特点。

有些读者给我留言：老师，我知道演讲很重要，但我性格很内向，我是不是要强迫自己去学习演讲。

演讲属于表达的其中一种方式，如果你觉得自己在表达上是有渴望的，但性格又相对偏内向，站在演讲舞台上你太害怕了，简直说不出话来，我建议你可以结合自己的性格特点，先换一种方式来表达自己。我给大家的建议是，内向的人其实更适合通过文字的形式进行表达。

以上四点都非常好理解，接下来怎么做呢？

打开你的纸和笔，结合每个点列下一到三条你的答案。千万别漏掉这个步骤，也一定要拿出纸和笔来进行罗列，别在头脑中进行想象，光靠想是没有办法得出答案的。

另外，你也不一定按照我给出的四点来写答案，如果你是喜欢自由书写的人，可以想到什么就写什么，最重要的是你愿意写下去，也不用刻意划归到哪个维度，只要你能写答案，就能帮助自己回想起先天的优势。

看到这里，又会有读者有疑问了："Angie老师，我非常努力地回想了自己四个点所对应的先天优势，但确实没有答案，那要怎么做呢？"

那就是接下来我要讲的，你需要用心发展你的后天优势。

后天优势发展有内、外两个维度。

内维度是指单独一个人的时候该怎么做，有以下四点供大家参考。

第一点：尝试新鲜事物。

我有不少学员在加入我的"价值变现研习社"后，最后悔的就是没有更早加入进来。

如果更早加入"价值变现研习社"的话，就可以在更早的时间发现自己身上的天赋，连接优质高能量的圈子。

当你勇敢踏出第一步，不断尝试新鲜事物后，你会发现不一样的自己。

山本耀司有段话是这么说的："自己这个东西是看不见的，撞上一些别的什么，反弹回来，才会了解'自己'。所以，跟很强的东西、可怕的东西、水准很高的东西相碰撞，然后才知道'自己'是什么，这才是自我。"

我们必须学会去和很强的东西、可怕的东西、水准很高的东西相碰撞，这样我们才能知道自己的弱点和优点在哪里，才能知道我们的情绪会被什么样的东西激发，才能知道我们的肌肉到底能抗多大的压力，我认为这就是我们平日里很难看清的"自我"。

所以，我建议大家每隔一段时间都要去做一些新鲜的尝试。

比如说从来没有在公众场合做过演讲，你觉得自己会怕，但是你去试试看，也许你一试之后会发现自己爱上了这样的舞台。如果你试了之后觉得不合适，也没有关系，因为每一次的尝试，都是对精彩人生的一种丰富。

第二点：榜样上身法。

人们会因为看见而相信可能性，当我们想要拥有一种人生可能性的时候，刚好能看见已经活成了自己想要的状态的榜样，会更加有自信心和动力活成自己想要的状态。

榜样上身法是指找到我们的榜样，去了解对方在工作的时候是什么样的状态，在学习的时候是什么样的状态。你对自己说：假设我就是我的榜样，我会怎么做？一个人的人生体验总是有限的，借助他人的活法去丰富我们自己的人生。

我的学员小 M 告诉我，每一次她想偷懒的时候，就翻翻我的朋友圈，看到比她优秀的人还一直那么努力，就不好意思再偷懒了。

我自己也会在微信上星标一些朋友，状态不好的时候看看对方的朋友圈，一下子就满血复活了。

第三点：定期梳理整合法。

当我们做了新鲜的尝试，也找到了榜样进行模仿，也持续在很多的方法维度上做了很多的学习。

但是，光闷头学习还不够，我们还要定期对自己的过往进行梳理。比如说：

· 我想活出什么样的人生状态？

· 我怎么做才能更靠近想要的人生状态？

· 我正在做的事情是不是正确的？

· 我的哪些能力还需要继续提升？

定期梳理可以发现自己身上的优点和不足之处，让我们的努力更加高效。

第四点：环比成就事件。

环比成就事项是指花同样的时间和精力去做不同的事情，你发现其中某一件事给自己带来的成就感更强，在之后的探索里，一定要有意识地察觉是否有类似的事情出现。

外维度是指单独一个人的力量不够时，要学会向外求，有以下三点供大家参考：

第一点：参加社群的活动。

当你能够走出去参加社区的活动，这个活动可以是线下的，也可以是线上的，你可以花时间去观摩一下，跟你同样参加这个社群的其他人的表现会是怎样的？

我就是在参加社群的过程中看到了其他人的一些优势，听到了其他人的一些建议，然后由此去发现自己身上的一些亮点。我在很多场合都公开说过，我自己最开始探索副业，其中有一个身份是育儿专栏作家，那就是在参加社群的时候被别人发现，然后自己开始实践起来的。所以，你在参加社群的时候，除了你可以观察别人，别人也同样在观察你。

第二点：收集正向反馈。

你可以通过询问身边人去找到自己身上的一个兴趣的定位。

第三点：寻找专家的指导。

无论是在职场打工时，还是在创业中，只要遇到难题，我一定会向有经验的人请教。

在知识付费还不盛行的年代，请吃饭、送礼物是很好的办法。当可以约聊的平台出现后，我会第一时间付费给我想要请教的相应领域的专家，花钱让别人分享经验给我，养成这样的习惯让我少走了很多的弯路。

我自己也收到过非常多人约我的商业咨询，而且还有一个非常有趣的现象，大家猜一下约我的人就一定全方位比我差吗？真的未必，有不少人其实在他所擅长的领域非常优秀，但是对互联网个人品牌打造知之甚少，整个交谈的过程中，对方解决了自己的问题，我自己本身也受益匪浅。

最后，有个提醒，我们打造个人品牌也好，在个人成长过程中也好，一定要记得，不要把所有的时间都放在向外求助上，还是要把超过 60% 以上的时间放在修炼自己的内功上。

如果你持续需要自控力去做一件事，证明你还没有找到真正的天赋。

如果你发现自己通过先天优势跟后天探索找出了一件事情，然后发现自己每一天做这件事的时候，需要有非常强大的意志力才能坚持做下去，那很有可能你的内心并没有你想象中那么喜欢和渴望它。

当我们热爱做一件事时，我们自身能调动出很大的动力去做这件事，这时几乎不需要外在的驱动。当然，在初期也有可能需要通过意志力去做这件事，但是到了后面，你会上瘾，如果不让你做，你会觉得不舒服。

那如果没有找到自己真正热爱的事情，该怎么办呢？我的建议是继续尝试新的可能性。

我在最开始打造个人品牌的时候，选的领域是育儿领域，标签是科学育儿专栏作者。每一次写文章我都挺痛苦的，而且写了10 多篇后，我发现我儿子的成长经历已经完全不够我写作的素材了。后来因为很多人都会问我时间管理相关的问题，我快速调整了定位，开始把重心放在了时间管理领域上，很快就出成绩了，自己做起来很有热情，效果也非常不错。

当然，如果你发现自己一直处在探索天赋优势上，那就不适合总是换了，你需要给自己一段时间，比如说最少三个月的时间才可以重新探索新的天赋优势。总是换就特别像一个爱跳槽的人，跳槽上了瘾，对于自身成长是没有帮助的。

以上就是本篇文章的主要内容了，总结如下：

第一个知识点：带大家从四个维度发掘先天优势。

第二个知识点：从今天开始，用心发展你的后天优势。

第三个知识点：如果你持续需要自控力去做一件事，证明你还没有找到真正的天赋。

第 2 节

提升时薪：如何提升时薪，让时间更有价值

2015 年，我第一次了解到还有时薪这个概念。

在那之前，我的职业生涯给我带来的认知是，年薪是衡量一个人价值的标准之一。因为受年薪认知的影响，我跳槽的时候最看重的就是新公司给我提供的年薪是多少，对比旧公司有没有得到提升。

后来看到一直很喜欢的博主分享了自己去杭州出差的动态，提到他通过 Z 平台预约了当地在创业上很有经验的一名老前辈的时间，按一小时付费的方式约了对方。

这条动态马上引起了我的注意，我的反应是，我是否也可以成为 Z 平台的一名按小时收费的咨询师。话不多说，我马上把 Z 平台搜索了出来，并着手注册申请成了 Z 平台的咨询师。

填写完毕后，我问自己，如果成了 Z 平台的咨询师，有两个

高效变现

问题：

我的咨询服务的主题是什么？可以从过往的经验里提炼出什么价值来为他人遇到的问题提供解决方案？

我的一小时值多少钱？如何定价，对方愿意为我付费？

就像这篇文章的开头提到的，我从来都没有思考过自己一小时值多少钱。

那么，时薪到底该怎么算呢？

你有没有试过算自己的时薪呢？如果没有，拿出纸和笔，我来教你时薪怎么算。

按以下步骤算出你的时薪：

过去一年365天的时间，你一共工作了多少天，包括正常工作日和你的加班天数。

你每天的平均工作时长是多长？包括你的正常工作时间和你的加班时间。如果你上班很空闲，用在工作上的时间每天只有3小时，就如实写下3小时。

一年总工作时长＝一年的工作天数 × 每天的平均工作时长。

算出自己的年薪，一般情况下，年薪＝工资＋奖金＋加班工资，简单来讲，就是做一份工作获得的所有收入。

用年薪除以总工作时长，就可以得出你的时薪。

如果你觉得以上算法比较复杂，你可以根据年薪算出平均月薪，再除以一个月大概的工作时长，就可以得出时薪了。

我建议大家一定要算一算，算出来的结果会让你大吃一惊，当你算出来时薪之后，你会更加有奋斗的动力。

电影《王牌特工》里有一句话："比别人优秀不算优秀，比过去的自己优秀才是真正的优秀。"时薪是否能持续上涨，是证明一个人是否优秀的非常重要的衡量标准之一。

算出时薪之后，有助于帮助我们更好地做出选择。

本篇文章的开篇部分提到，按照以往的认知，我会认为在薪水维度上最重要的参考依据是年薪，我身边不少朋友也都有同样的想法。后来，当我成为咨询师之后，遇到向我请教规划职业生涯的学员，超过99%的人都没有时薪概念。

如果我们有时薪的概念，并且能认认真真算出自己的时薪，这对我们做好人生路上的选择也会有很大的帮助。

一、时薪可以作为是否要跳槽换工作的衡量标准之一。

我的学员S，对原先工作的薪水非常不满意，于是跳槽到了一家比自己原先公司体量大两倍的新公司，同时工资还增长了50%。

一开始S非常开心，但工作了三个月之后整个人的状态很差，详细聊了之后才知道原先的公司每天的工作时间只有6个小时，多出来两个小时的时间可以自己自行学习，新的公司看似工资增长了，但每天都要加班，甚至有的时候周末也要加班：

原先公司：月薪1万元，每天的工作时长6个小时，一个月工作 22 天，时薪 =10000 元 /6 小时 ×22 天 =75 元。

新公司：月薪 1.5 万元，每天的工作时长 10 个小时，一个月工作 24 天，时薪 =15000 元 /10 小时 ×24 天 =62.5 元。

其实时薪差别不算大，但如果不认真算，总会觉得自己新公司的收入是更高的。

S 在没有认识我之前也完全没有时薪概念，认识了我之后才醒悟，原来还可以用时薪去衡量一份工作。

看到这里，可能你会说："我没有去新公司试过，也不知道新公司会加班这么严重，我总不能在面试的时候和面试官算时薪吧。"

当然不能，我们有很多的方法可以了解新公司的情况。

比如网上找一找有没有新公司的同事发布过的一些信息，或者在朋友圈里找一找是否有了解新公司的朋友，你可以通过各种渠道去了解真实的情况。

当然，这只是薪酬角度上多了一个时薪概念的考虑，并不能作为是否要跳槽的唯一标准。我们跳槽也不可能只是因为时薪，还有行业、上司、发展前景、培训机制等多个维度的考虑。

二、时薪可以成为副业是否要变成主业的衡量标准。

我身边有很多上过我课的学员成功开启了副业并赚到了钱，之后他们常常会纠结一个问题：究竟要在哪一个节点开始考虑把副业变成主业，其实时薪概念也可以很好地帮助我们做选择。

假设你花在主业上的时间每天是 8 个小时，平均算下来每天的收入是 800 元，时薪就是 100 元。

而你每天花在副业上的时间只有 2 个小时，平均算下来每天的副业收入是 400 元，时薪就是 200 元。当你算出这个数据之后，你会认为，只要自己在副业上投入更多的时间，赚取的收入也会比主业多。但我并不建议大家在副业时薪比主业时薪多时就选择辞职，当你算出两者的真实时薪后，可以尝试把主业的时间适当进行一些压缩，花更多的时间做副业，看会不会因为时间的增加而直接带来副业收入的增加。如果调整时间之后副业收入确实增加了，而你也特别想把副业变成主业，这时再考虑辞掉主业。

那么，如何才能提高时薪呢？

如何才能一步步提升我们的时间价值呢？

第一步，从主业的角度出发，想尽办法提升主业的工作效率。举个例子，原本需要 6 个小时才可以完成的主业，有了时薪概念之后，你可以通过提升专注力等方法，压缩完成主业的时间。这就变相让自己的时薪得到了提高。而且，当你的时薪得到提高之后，工作能力也会得到相应的提升。

第二步，当你主业的工作效率得到提升之后，多出来的时间用来探索副业。

其实，赚钱是证明自己能力的一个非常重要的维度，尤其是年轻的时候，能赚到钱绝对是一个人综合实力的证明。

如果你不愿意把上班时间用来做副业，从技术操作上，你可以把主业需要的能力清单罗列下来，用多出来的时间来提升主业需要用到的能力。

当今时代，人人都是自己事业的CEO。主业是我们事业中的一个项目，副业也是。当一个人的综合实力变强了，综合竞争力也会同步变强，所以时薪的提高是早晚的事。如果30岁之前还没有修炼出自己的核心竞争力，你需要把更多精力花在提高自己的时薪上。

我在我的视频号上分享过一个概念：一年掌握一项技能，十年十项全能。我们学到的技能，别人永远都拿不走。

以上就是本篇文章的主要内容了，总结如下：

第一个知识点：你的1小时值多少钱。

第二个知识点：算出时薪之后，有助于帮助我们更好地做出选择。

第三个知识点：如何才能提高时薪。

第 *3* 节

时间值：如何把一份作品卖出多份钱

我发现，那些自信而又有成就感的人，都有一个共同的特点：
这一生，都至少拥有一件成功的作品。

这个作品可能是：

·工作上完成的一个项目，在其中成功发挥自己的价值。

·团队齐心协力共同研发的一款产品，影响了别人的生活
习惯。

·生了一个健康快乐的宝宝，对这个世界充满好奇。

·写了一本书，出了一套课，或是完成了一项个人咨询。

……

当然，在这个世界上属于我们每个人的最大作品，就是我们

159

自己。

活得通透，为自己的一切负责，拥有一次又一次的高光时刻，都令我们不虚此行。

只有把作品放到商业世界中，才能更加充分体现作品的价值。

那么，如何才能提升自己的时间价值呢？

首先，在职场中不断挑战自己。

我大学学的是市场营销专业，大学期间，导师常常会带着我们做类似挑战杯这样的微商业活动。活动一定会有不同程度的商业竞争形式存在，但结果就是通过 PK 看谁能够拿到冠军，这是最开始我的专业给我带来的商业认知。

当我还是学生时，我很喜欢做的一件事情是参加社团，一上大学就到处找适合自己参加的社团，最后参加的是市场营销协会。我现在已经不太记得这个社团的主旨是什么，当我想加入这个社团的时候，社团只剩下外联部部长的职位了，于是我就把外联部部长这个职位给接了下来。

外联部的主要职责是要为所隶属的市场营销协会举办的各种活动去拉赞助，当时我完全没有经验，但"初生牛犊不怕虎"，我就带着比我还小一点的师弟、师妹们，到学校附近的商业街拉赞助。

有时候我觉得人生是很有意思的，究竟是我骨子里真的喜欢跟营销销售相关的工作，所以吸引了这些机会来到我身边；还是只是碰巧这些跟商业、营销相关的机会，为我的人生底色做了很好的铺垫。讲真的，那个时候我对营销一点认知都没有，这可能就是环境潜移默化的力量吧。

毕业之后，我的第一份工作是深圳航空的管理培训生。

这份工作有两个方向选择：

一个是在机场当地面客服，另一个是在网点当客服，相比而言，机场客服的工作对我的吸引力更小，但巧的是，我偏偏被安排到机场当客服。

我不接受这样的安排，于是跟公司的副总经理谈判。一开始副总非常欣赏我这种敢于表达自己又有想法的姿态，但是在看了我培训期间的表现后，觉得我不太好管教，最后我们就谈崩并解约了。

从一开始以为自己比同龄人幸运找到了一份好工作，到未毕业就先失业，中间的落差感还挺大的。

但我没有时间了，因为学习的校招已经结束，只好去深圳的各大人才市场找工作。

后来我通过深圳人才市场找到了人生意义上真正的第一份工作，其实也是客服工作，但却是带有销售性质的客服工作。

而且销售属性真的非常强，我们每天都有广告消耗量和业绩的考核，每个月有业绩的排行，每个季度还会有冠亚军评选。

刚毕业那会儿，人生就像一张白纸，所有的认知都是空白的。

那个时候的工作真的太不容易了，现在回想起来我会感谢当时还是一张白纸的自己选择了营销氛围相对浓一些的工作。

而这样一份我做了三年半的销售性质的客服工作，为我现在的创业生涯积累了无比多的财富。

再举一个我姐姐的例子，她和我的情况完全不一样。我是属于一毕业就开始接触营销性质的工作，我姐姐则在毕业后的十多年里一直从事纯粹服务性质的客服工作。

人到中年，她突然收到了公司因为业务调整需要裁员的通知，她只有两种选择：要么离职，要么转到销售岗。

被迫无奈的她选择了转到销售岗位，一开始，她非常痛苦，对新工作完全不适应，而现在呢？她在深圳有两套房，自己开了一家小公司。同样是职场人士，同样是 8 小时的工作时间，销售性质的工作会比普通工作有更大概率获得更高的收入。如果是做得比较好的销售，工资收入的差距可能会在 10 倍以上。

当然每个岗位都需要有为这个岗位去努力的人，销售性质或者是带绩效性质的工作，更适合对赚钱有渴望的人。

如果你想提升自己的时间价值，可以试试找基本工资相对低，但是挑战比较大，可以通过自己的努力赚到更多钱的工作。

那么，什么类型的工作会带绩效考核性质呢？不同的公司会有不同的标准，一般来说，销售类的工作肯定会有业绩的考核，项目类型的工作会有项目对应的奖金，销售管理工作因为会拿团队的提成，也带有考核的属性，以上几种类型的工作供大家参考。

当然，这样类型的工作压力一定是更大的，但对能力的全方位提升会非常有帮助。

在《穷爸爸富爸爸》一书中，作者罗伯特·清崎说到，很多老板都是做销售出身，这是通往财务自由之路的捷径。

各行各业都有从事销售的人，但是只要稍微观察就会发现，不同的销售之间差距很大。

有的销售只会从产品的功能作用、价格实惠等角度出发，去说服顾客掏钱。

而有的销售会在和客户交流之前，先特意提升自己的整体状态、了解客户的情况，在介绍产品的同时还会向客户展示他优质的服务，处处为客户着想。

一位好的销售不仅仅在卖产品，更是在卖自己，包括卖知识、卖体验、卖未来，懂得以个人品牌魅力带动产品的成交，让客户产生信任和依赖。

其次，你需要培养自己的互联网思维销售能力。

2015 年年底，我想要换工作，于是我在朋友圈发布了我想要换工作的消息，这条消息我屏蔽了正在上班的公司同事。

紧跟着，我把自己的简历更新到了猎聘网上，通过朋友的介绍还有猎头公司的推荐，陆陆续续有了不少面试的机会。

其中有一家公司给了我非常深刻的启发，我面试完之后，对方的高层 T 主动加了我的个人微信，加了我的个人微信大概过了两天后，我收到了公司 HR 的通知，被告知所有面试环节都顺利通过了，并且给我的邮箱发了 offer。

于是我给加了我微信的高层 T 发了一条信息，感谢他对我的赏识。聊天过程中我获得了这样一个信息，他在添加了我的个人微信之后，把我的朋友圈认认真真看了一遍，再一次确认我就是他想要找的人——对生活有热情、爱学习、爱分享、热爱自己从事的工作。

那一刻，我非常庆幸自己在平时就会把许多的动态同步更新到了朋友圈。

我再分享一个案例，让大家有更深刻的认识。我在 2012 年生完小孩之后很快就接到了前公司的领导打来的电话，她告诉我她升职成为总监，经理的岗位想让我接。

说实话当时我很意外为什么会是我，从公司离职的时候我也只是个客服，完全没有带团队的经验。她告诉我，她通过朋友圈看到我整个孕期的状态特别好，而且她相信我经过一年的休整，一定会有很大的能量可以重新返回职场并且把工作做好。

是的，又是因为朋友圈的分享，我得到了一次重新回到原公司直接升职加薪的工作。

这样的例子数不胜数，比如我的学员 L 是一名产品经理，她利用业余的时间在他们的行业论坛上更新了一些自己对行业的见解，获得了一个很好的跳槽机会。

我们每个人就是自己一生当中最大的作品，当我们在职场的时候，我们可以把自己这个人当作作品，同步把作品升级迭代的过程分享到朋友圈或者行业相对应的论坛，相信我，你会大大提升把自己销售出去的机会。

其实，在工作上把一份作品卖出多次的思路还有很多，比如定期对自己的工作进行复盘，把一些可以流程化的文件保留下来。

比如说你是策划岗的，并不是每一次做活动策划，你都需要从零开始，你可以以已经成型的策划方案为基础去更新迭代。在学习上有空杯心态是非常好的，但是在工作上，建议大家一定要进行持续积累。

开启副业之后，我们就更需要具备一份产品卖出多次的思维了。

我在最开始授课时，因为有一个这样的目的，希望通过一次又一次向学员们讲授课程来提升自己的授课能力，所以最开始打造个人品牌时，每一期的课程我都是在微信群里直播授课。

我也建议最开始打造自己个人品牌的读者们参考我这样的形式，因为这是提升自己综合能力的非常好的机会。当你发现自己的授课能力和知识体系已经相对稳定了，就可以进行课程的录播授课，把授课的时间节省下来，用在增加社群互动交流上，让学员的体验更好。

在最开始打造个人品牌的时候，我并不具备把一份作品卖出多份钱的认知，所以当那些大平台来找我合作时，我并没有特别在意。2016年，喜马拉雅平台找我谈合作，因为我的不重视，而失去了这次机会。后来，当我意识到跟平台合作可以把一份作品卖出多份钱时，已经有点迟了，但我还是行动了起来。

因为只要行动起来就一定不会迟，我开始接住各大平台抛过来的橄榄枝，截至现在，我的副业赚钱主题课的全网营收达到了近千万元。

这个主题课给我带来的价值无比巨大，我真正成了凭借副业赚钱的导师。你只有能带给别人成果，你的人生才能有更好的结果。

如今，我有很多作品都卖出了多份价值。比如，我的第一套副业赚钱课在卖出了100多万元的业绩之后，我开始把这套课程变成一本书，主动去找出版社进行出版。后来，这本书又销售了超过10万本，营收流水400多万元。之后，大量的读者通过这本书找到我，想跟着我进行更深一步的学习，于是我又开了"21天副业赚钱实操营"，带着大家实操如何赚到钱。

所以，同样一个作品，我们调整一下呈现的形式，也可以通过不同的形式卖出更多的价值。

最后，懂得花钱买时间，团队分工协作提升时间价值。

前面我们提到了时薪的概念，它有两个维度的应用：一个是应用到跳槽上，另一个是应用到如何判断副业变主业上。其实，它还有另外一个非常大的作用，当我们算出时薪之后，我们可以以此作为一个判断标准，判断出哪些工作可以外包，借助团队的力量去提升自己的时间价值。

如果你是职场人士，公司给了你升职加薪的机会，千万不要拒绝，尤其是未来想自己创业的读者，一定要利用好公司的平台和资源进行招兵买马，提前把自己在未来创业需要经历的流程先经历一遍。

我在最开始打造个人品牌的时候就有了请助理的想法，现在回头看，这个想法是对的。

我知道，有很多人在打造个人品牌的早期，因为自己赚得还不够多，所以觉得没有单独搭建团队的必要。当然，如果自己能搞定，这对一个人的能力提升也有很大的帮助，但是从时间价值的角度出发，请助理的作用也是很大的。

你花钱请的人成本变高了，你更有动力要赚更多的钱。

你不再是一个人单打独斗，当你想要放弃的时候，你看到助理比自己还积极，你会更加有坚持的动力。

对外部而言，有团队比单打独斗会更加让人感受到专业性。

基于此，我建议过不少跟我学习打造个人品牌的学员，即便没有钱去请人做助理，也可以单独再开一个助理号，两个号都由自己经营。

我的私董会成员孔老师，在跟着我学习的第一个月收入就突破了10万元，当然在此之前，她本身能力也比较强，更重要的是用对了方法。很快，她向我请教自己是不是也要找一个助理，我的答案是当然要。于是，她在朋友圈发布了招助理的消息，很快就收到了很多申请，最后经过筛选，其中一位成了她的助理。短短 10 天的时间，我们再见面，孔老师告诉我：有助理的感觉真的太棒了。

无论是在职场还是打造个人品牌，有机会管理团队的情况下一定要舍得花钱和花精力。

以上就是本篇文章的主要内容了，总结如下：

第一个知识点：在职场中不断挑战自己。

第二个知识点：培养一份作品通过互联网思维多次销售的能力。

第三个知识点：懂得花钱买时间，团队分工协作提升时间价值。

第六章

赚钱时机篇：普通人如何抓住属于自己的机遇红利

第 *1* 节

自我认知：你是哪种状态，忙碌还是悠闲状态？

2020 年上半年，疫情为无数人的生活按下了暂缓键，但也为少数人的生活按下了加速键，我就属于那少数人。

当许多人都宅在家里看着固定开支、为新一年的稳健收入而发愁时，我的事业不仅没有受到影响，还不断迎来好消息：

· 两个大型平台邀约合作、课程已经开发完成上线。

· 完成了第四本书的写作。

· 收到两个顶级出版社的新书邀约。

· 精品课程和训练营课程推陈出新。

· 新加入的优质会员也越来越多。

……

这不得不归功于我在互联网在线教育领域的深耕，以及对于风口的判断、对新项目的持续开拓和勇敢尝试。

这一切都源于我在 2017 年做出的一个决定——我辞去高薪互联网运营总监的岗位，成为一名创业者。而我做出这一决定的背景是，从 2015 年开始，我在工作之余通过知识变现打造了个人品牌，开办了自己的训练营。

在我决定辞职之前，我的副业月收入已经超过了六位数并且在持续稳定地增长。

现在，我的身份不仅是两个孩子的妈妈，同时是 Angie 同名公众号的创始人、"在行"最具影响力的行家、国家认证的生涯规划咨询师、知名女性学习平台的创始人、畅销书作家、多门爆款课程的开发者和讲师，全网学习过我的课的学员超过 100 万人。我还接受过央视 CCTV2、创友汇等多个平台的采访，已经写完了第四本书并且获得了新书的邀约。

了解我的读者们应该都知道，我所讲授的线上课程有几十门，创办过的线上学习型社群累计已有上百期，影响了数万人在职场之外找到自己的价值，成功打造自己的个人品牌，整个人生有了翻天覆地的改变。

那么，普通人究竟要怎么做，才能够抓住属于自己的赚钱红利呢？

我们每一个人都要先认识自己，才能从现状出发，找到契合自己现状的红利。

众所周知，如果想做成一件事，最需要的是时间，而事实上，很多人都无法从忙碌的工作和家庭生活中抽身去思考自己的人生走向，本篇文章将会从忙碌和悠闲两种状态出发，教你更好地认识自己的现状。

首先，我们先来看忙碌状态。忙碌状态会有三种情况出现，分别是：

第一种：做事效率的高低。

第二种：是否懂得精力管理。

第三种：事情是否有价值。

我会把每一种情况都通过两个维度进行拆解，方便大家更好地对号入座，了解和找到调整的方向。

第一种情况，做事效率的高低，包含以下两个维度。

第一个维度：你很忙碌，是因为效率低。

举个例子，一份工作交到你的手上，第一次你用了 30 分钟完成它。

过了两个月，老板把同样的工作再一次交到了你的手上，你依然需要 30 分钟才能做完。

如果是因为复杂程度稍微有一点提高，你还是用了 30 分钟甚至可能需要更多一点的时间，还算情有可原。

但如果复杂程度完全没有提高的情况下，我们做同样的事情的效率却一直没有提高，这就是相对比较低效率的一种状态了。

或者是我们跟同事相比，同一件事情，同事做完可能只需要10分钟，而我们需要20分钟，相对比起来，自己的效率也是比较低的。

要知道一个真正高效的人，一定会去琢磨如何提高重复做一件事情的效率，而不会容许自己总是没有成长。

第二个维度：你效率高，但事情确实太多，所以很忙碌。

这样的状态在我看来是非常棒的一种情况，我自己成长速度最快的阶段，就是高效处理各种事务的阶段，也正是把自己的工作能力锻炼出来的阶段。一个人的能力一定是在高效做事的过程中得到提升的。

第二种情况，是否懂得精力管理，也包含以下两个维度。

第一个维度：精力状态太差是因为你不懂精力管理。

这种类型的人很容易陷入的思维误区是认为自己已经很忙了，完全抽不出时间来进行精力管理，于是人生就陷入了无法做好精力管理的恶性循环里。

第二个维度：懂得精力管理，但是事情太多。

这类人虽然平时很忙碌，但依然会抽时间去锻炼身体。

其实忙碌的时候是最需要做精力管理的时候。身体是革命的本钱，如果身体的状态都不好，就很难保证有足够的本钱高效做事。

我在非常忙碌的情况下都会坚持工作日每天跑三到十公里，而且每次出差，抵达酒店前台办理入住的第一时间，一定会和酒店确认健身房所在的位置。

第三种情况，事情是否有价值，同样包含以下两个维度。

第一个维度：虽然忙碌，但做的事情有价值。

如果某一件事做起来很有价值，即便很忙碌，但一想到收获很大，做起来也是很带劲的。

在刚毕业一年多的时候，公司开始给我分配优质的大客户。有一个场景我印象非常深刻，我跟我男朋友正在租住的公寓楼底下看世界杯，其中一个大客户给我打电话说他的广告出了问题，想请我帮他看一看。

我放下正在喝着的啤酒，马上跑回家去调整广告，我打开电脑发现其实广告并没有出问题，有趣的是我一点都没有觉得不开心。

那段时间非常忙碌，但有极大的价值，因为我服务好了那个大客户，他也特别支持我的工作，给我介绍了不少优质客户，我签了好多单，赚了接近六位数的提成。

第二个维度：虽然忙碌，却没有收获同等的价值。

举个例子，比如你根据公司的任务分配做了一个自我感觉良好的方案，准备提交方案的时候，突然接到上司修改方案的通知。因为甲方需求的调整，所以整个方案都要推翻重来。

你发现自己加了一星期的班，却没有任何意义。

这种情况就属于忙碌却没有同等的收获，还有比这个更糟糕的情况，就是每天都在瞎忙，不知道自己在干什么，这种情况是更差的忙碌的状态。

了解完了忙碌的三种情况，接下来我们来看悠闲的状态。和忙碌一样，我们依然会从三种情况来进行分析。

看到悠闲我觉得很多人应该会两眼放光，大家会羡慕悠闲的状态。

悠闲看似是一个褒义词，但要警惕因为待在太过悠闲的环境下而丧失了斗志。

第一种情况，做事效率的高低，包含以下两个维度。

第一个维度：觉得自己很悠闲，有大把的时间可以浪费，所以做事的效率非常低，而且做完事之后无所事事。

举个例子，上班时工作量比较少，慢慢做完之后开始逛淘宝、刷手机，完全不知道自己接下来做什么好，这个就是无所事事。

第二个维度：虽说工作量不多，但还是严格要求自己高效完成，对自己的工作掌控感很强。

在高效完成工作之后，还会研究下一次同样的工作如何做能提高效率，把多出来的时间用来学习掌握一些技能，比如制作PPT、学习 PS 技能等。

第二种情况，是否懂得精力管理，包含以下两个维度。

第一个维度：把空闲的时间用来管理精力，精力状态很好。

把工作完成之后多出来的时间，主动安排提升自己的精力状态。

第二个维度：不懂精力管理，但因为事情少也不费神。

我身边确实也存在这一类型的小伙伴，他们认为只要拿到工作本该拿的那份工资就够了，虽然不太高，但已经足够养活自己了，而且工作也不是非常忙碌，自己非常享受这种状态。这类人会觉得即使不做精力管理，整个人的状态也是好的。

第三种情况，事情是否有价值，包含以下两个维度。

第一个维度：悠闲但是没有价值。

我的学员里有不少小伙伴因为工作是家里人介绍的，工作量很低，谈不上什么工作价值，虽说很悠闲，但是自我价值提升感不强。

第二个维度：悠闲但价值对等甚至是超过。

这类人工作效率比较高，相比其他同事，他们可以在短时间内把一件事情做好，多出来的时间让自己变得比较悠闲，然后再按照自己的节奏去安排尝试其他事情。

你属于以上描述的哪种情况呢？接下来，我会通过讲故事的方式，来分享忙碌状态和悠闲状态的人的区别，方便大家对号入座。

来看以下四个故事：

A同学：A是产品经理，效率很高，事情很多，有时候会抽出时间来锻炼身体，他工作非常努力，每天都投入大量的时间。

B同学：B是一名销售，工作非常忙碌，但是他跟A同学会有一些区别，他除了把工作做好之外，还会挤出一点时间去打磨自己的沟通能力。为什么是沟通能力？因为沟通能力跟他的销售岗位有很大关系，提升了沟通能力对他的销售工作也会有很大的帮助。同时他也注重锻炼身体，在主动做好精力管理的同时，还会去学有助于他的个人职业发展的一些技能。

C同学：C是一位客服，找了一份客服工作，但她不太确定自己是否喜欢这份工作。她虽然每天都很忙碌，但却把更多的精力放在了纠结这份工作是否有价值上。C同学可能跟A、B同学一样忙碌，但她的忙碌除了在工作本身之外，还有一些精神上的焦虑。

D同学：D是培训师，因为早些年市场竞争力并不是太大，他很快就从实习生转正成了公司的培训师。后来他辞职了，通过自己接单做企业培训，因为每天都忙着接单，所以没有花太多时间在学习和更新自己的课程系统上面，个人成长也相对停滞不前。

看到这里，我希望每位读者可以给自己几分钟的时间问自己三个问题：

第一，你要问自己更像A、B、C、D哪位同学？

第二，接下来，我会告诉大家什么是正确的忙碌，什么是错误的忙碌。

第三，请问，以你自己的判断，这四位同学，哪两位是正确的忙碌，哪两位是错误的忙碌。

在笔记本上写下自己的答案，再接着往下看效果才会更好。

答案是 A 和 B 同学是正确的忙碌，他俩按照这样的状态发展下去，大概率会出现以下情况：

A 同学的工作渐渐有了起色，也越来越喜欢自己的工作，个人价值持续上涨。

随着 B 同学的能力越来越突出，公司开始重用他，B 同学掌握了沟通的技巧后，开始继续掌握新的技能。

那 C 同学和 D 同学呢？

C 同学没有正确的忙碌的一个最大特点是，她虽然在工作时间上做了很大的投入，但是她并没有全身心地投入这份工作，而且大部分的时间是处在焦虑状态中。

D 同学确实是花了很多时间在工作上，但是他的目光相对短浅，没有为学习一些新事物和挖掘新的可能性留出时间。随着时代的发展，他一定要抽出时间去更新自己的知识结构，这样他的个人价值才不会因为时代的变革而变弱。

我其实对 D 同学的经历有非常深的感触，之前有一个培训机构的 CEO 约了我的咨询，咨询的主题是想要把自己的课程结合互联网做一些升级，因为他以前的课程体系是有 20 年历史的银行系统的课程。

整个交流的过程让我感触非常深刻，其实培训岗位是需要持续把自己的知识系统做更新迭代的。

如果从抓住赚钱红利的角度出发，C、D 两位同学的故事要如何进行改写呢？

C 同学在花了一个月的时间纠结工作的好坏之后，想明白了纠结也没有用。既然这份工作是她找了很久才找到的，那也就证明这份工作是 C 同学短期之内最优的选择了，所以把自己现在手头上这份工作的价值挖到最大化是最明智的选择和做法。C 同学应该想方设法喜欢上这份工作，不再把时间花在纠结上，而是踏踏实实做好这份工作。

其实这个 C 同学的原型是我，一开始我自己的工作就是客服岗位，真实的情况是在我工作后比较长的一段时间里时不时就哭，因为工作非常苦而且也一直纠结自己是不是喜欢这份工作，但后面我做了调整，然后渐渐喜欢上了这份工作，它为我未来的发展，包括现在的个人品牌的打造都起到了非常大的作用。

D 同学作为培训师最大的问题是没有通过学习去更新迭代自己的体系。包括像我的铁杆用户，有许多跟着我一直学习成长，如果我从不更新迭代自己的内容和商业体系，大家也不会继续支持我，也不会愿意为我的课程付费。

所以忙碌是不怕的，怕的是不会正确的忙碌，如何正确地忙碌，有以下三个点：

第一点：注重高效做事。

高效做事是指我们做一件事情不但要做得快，还要做得好。

比如，我们前面提到的 D 同学，他虽然做得比较快，但是并没有不断地去迭代自己的课程体系，他在自己现有的领域也许可以做得好，但是他在新的领域是完全没有竞争力的。

第二点：懂得精力管理。

我们要爱惜自己的身体，养成锻炼身体的习惯。

无论是看电影还是职场小说，对精英人士会有这样的描述：他到处出差，到了一家酒店之后，会选择先到这家酒店的健身房去健身，再回到酒店的房间进行工作。

精力管理对忙碌人士来说更加重要，精力状态好了，才有可能持续而高效地忙碌。

第三点：个人品牌价值持续提升。

我们需要计算并提升自己的个人价值曲线图，以我为例，最开始我的一对一咨询两小时只要 59 元，而现在一小时要 9999 元，涨了近 200 倍。

还有另外一种算法，比如做一件事，我们原本要两小时，熟能生巧后只需要一小时，也意味着我们的单位时间价值得到了有效的提升。

接下来，给大家分享一个高效公式：高效 = 高效率 + 高效能。

高效率是指使用更少的时间来完成更多的事情，但有不少人在追求效率的时候会忽略效能。

如果你想成为一个高效的人，不只要高效率，还需要高效能。

高效能是指做同样的事情获得比别人更多的利润或者回报。

需要注意的是，对一个忙碌人士来说，当我们过分追求一件事情要获得更高的利润回报时，会很容易滋生完美主义倾向。所以，高效能需要高效率的匹配，避免出现消极完美主义的倾向。

以上是说忙碌的人该怎么做。

接下来我们看看悠闲的人应该怎么做。

再举四个故事。

A 同学：28 岁的她做的是市场工作，事业渐渐步入正轨，工作得心应手，空余的时间开始多了起来，她开始把大部分空余时间放在参加各种各样的线下读书会活动上。

A 同学虽然花了一些业余时间去做探索，但因为没有认真思考过自己的方向，也没有人指点，她把太多的时间花在了参加各种各样没有明确主题的活动上面，大半年过去了，感觉没有太多的收获，渐渐开始有些焦虑。

对于 A 同学来讲，她真正要做的事情并不是把所有的时间都花在活动上，而是应该花一些时间梳理自己，了解自己未来究竟想要拥有什么样的人生，通过有目的地学习，让自己的能力匹配得上自己未来的发展方向。

B 同学：在自己的技术岗位上待了五年，带领团队会让他觉得优越感很强，而且把下属培养出来之后，B 同学平时挺空闲的，公司虽说是传统企业，但也是同行业排名数一数二的企业。

因为公司给自己带来的收入和价值都挺高的，B同学不愿意更加努力地精进自己，他对当下的状态很满意。三年过去了，B同学所在企业因为没有及时转型，最近他所在的公司快倒闭了。

公司倒闭了之后，B一点都不担心和焦虑，毕竟自己是中高层，既懂管理又懂技术，找工作肯定不会太难。但花了整整三个月的时间，他一直都没有找到理想的工作。为什么会这样？因为他所掌握的技术已经落后了，他个人的管理能力也并不是特别强，在这个本该快速发展的年龄段，反而走上了一条下坡路。

C同学：C今年29岁了，她的第一份工作非常忙碌，跳槽到一家外企后，工作量只有几个小时，性价比很高，觉得自己赚翻了，每天都欢喜雀跃，时间花在了逛淘宝、和同事闲聊上。

C在入职半年之后就意识到自己不应该这样悠闲下去，于是她选择把工作之余的空闲时间，用来学习工作上用得到的项目管理能力，之后又开始学习如何高效阅读和写作，进行大量的输入和输出，开启线上打造个人品牌之旅，没错，这个C就是我。

D同学：24岁的D同学，第一份工作是家里人安排的，每天都很空闲。她的家境比较富裕，在深圳有多套房产和商铺，父母对她的要求就是在一家事业单位安稳上班，但是D同学有很多自己的想法，从大学开始就做过非常多的尝试。她热爱生活的多姿多彩，所以毕业后在工作的空闲之余，还是去做了很多很多的尝试。她通过自学、上课、考证，能力得到很大的提升，目前她正在挑选项目，准备自己创业。

如果你现阶段的状态是很悠闲的，更要学会如何聪明地利用好悠闲的时间。建议大家花更多空余的时间在自己身上，一边学习，一边分享，你会吸引到同频率的人来到身边。

我在探索自己的多重身份时，一开始就只是在100多人的社群里学习，再把自己的学习状态和成果用文字的形式在社群、朋友圈、公众号分享。

那么悠闲人士该做些什么，才能最大化自己的时间价值呢？

打磨可转移的技能。

"可转移技能"是指即使我们换了公司上班，或者辞掉主业开启副业，也能再用得上的能力，比如时间管理能力、学习力、演讲力、写作力、沟通力等。

很多人都羡慕自由职业者，事实上，时间越多的人，越容易出现时间管理问题，因为总想着自己的时间还很多，不着急，悠闲的人生也同样如此，更要警惕用好自己的时间。

以上就是本篇文章的主要内容了，总结一下：

第一个知识点：忙碌的状态会有三种情况和如何正确地忙碌。

第二个知识点：空闲的状态会有三种情况和如何用好空闲的时间。

第 2 节

资源者：毕业早期依托企业平台，聚焦个人品牌

在我看来，人可以分为三类，也就是分成三个重要的身份，分别是"资源者""配置者"和"资本家"。

在还没有解释这三个概念之前，我相信大家还不太能理解这三个身份的意思，我会在后面的文章中详细地展开。

针对资源者、配置者和资本家这三个身份，我会把本章第一节提到的忙碌者和悠闲者进行结合，方便大家清晰地认识自己之后更容易对号入座，找到行动的突破口。

在正式开始详细介绍三个身份之前，我想告诉你，你要有坚定的信心从我的文章中找到自己的切入口，并且在找到之后坚定而持续地行动下去。当然，你未必一定要按照我的时间进度建议去规划自己的人生，但找到了启发点就一定要行动起来，唯有这样，你才有更大的概率找到属于自己的人生红利期。

首先来讲"资源者",那么什么是"资源者"呢?

从字面来理解,这个身份的重心是充分调动自身的资源。这类人通常是毕业后不满三年的大学生,他们需要更多依托企业的平台,逐渐打造个人品牌。

大家听过"斜杠青年"这个概念吗?如果你读过我的《副业赚钱》,相信一定不会陌生。斜杠青年指的是一群不再满足"专一职业"的生活方式,而选择拥有多重职业和身份的多元生活的人群。"斜杠青年"来源于英文 Slash,出自《纽约时报》专栏作家麦瑞克·阿尔伯撰写的书籍《双重职业》。

斜杠青年越来越流行,已成为年轻人热衷的生活方式,但是很多人对斜杠青年有一点误解,会觉得斜杠青年是因为对自己的工作不满意,需要去找到新的标签,增加新的身份。

这个理解也没有错,但是太窄了。我们不需要把斜杠青年和我们的工作对立起来,其实工作身份也是我们斜杠身份的一种,而且是非常重要的一种。

另外,如果你对工作不满意,也就意味着会降低在工作上做出成绩的概率,在自我兴趣挖掘上极有可能也会更难。

正常情况下每个人每天工作的时长是 8 小时,如果工作的 8 小时状态很差,也会影响到工作之外的时间状态,自然不会有过多的兴趣去挖掘自己的爱好。

我做过一些调查,不少人之所以能在自己身上挖掘出更多的兴趣爱好,有一部分是在工作之外的生活中培养出来的,更多的则来自职业的磨炼。

"资源者"的身份设定是毕业后不满三年的大学生，在我看来，这个时间在未来只会越缩越短。因为现在很多大学生的商业意识非常超前，可能还没有毕业就已经有非常好的创业体验了，这类型的人可以提前进入后面会写到的"配置者"和"资本家"的身份。

在"资源者"这个身份阶段里，大部分的人还处在生存和试错阶段，并不知道自己能否真正做好一件事情。在这个试错阶段，他们通过出售自己的时间和价值，拿到一份工资收入。至于在个人品牌这个维度，他们更多的是处在利用业余时间挖掘兴趣的探索阶段。

了解清楚"资源者"的特点之后，接下来，我们来看忙碌的"资源者"和悠闲的"资源者"两条个人品牌成长路径。

首先，忙碌的"资源者"该怎么做呢？

第一点：逐渐积累并具备识别好工作的能力。

刚毕业的人其实不太知道一份好工作的标准是什么，当然，对不同的人来说，好工作的标准也会有区别，每个人都有最适合自己的好工作标准。

对于我来说，一份好工作的标准是有发展空间、有行业竞争力的薪资。公司规模是不是很大、公司是不是外企对我来说不那么重要。

但我身边就有一些朋友把进外企当作好工作的标准，在他看来，他个人的很多能力更适合外企，到外企上班是他的梦想。所以，每个人都需要有自己内心的一个标准。

第二点：想尽办法喜欢上你所从事的工作。

如果你每天都很忙碌，每天要花十多个小时在工作上，结果还是没有办法喜欢上这份工作，那样只会让你越来越痛苦。

第三点：力所能及地把工作做到最好。

千万不要觉得你是为了公司而去做这份工作，如果你未来是有打造个人品牌计划的，一定要想尽办法把工作做到最好，因为最终受益的是你自己。在做好工作的过程中，你的能力一定会得到提升，而一旦你掌握了各种能力，任何人都无法从你身上拿走。

第四点：至少每隔两年把自己放到市场上衡量自己的价值。

我还在职场工作的时候，有一个习惯，就是我会每隔两年刷新一下自己的简历，将其重新放到市场上预估自己的价值。

我们可以借这个机会复盘自己过去两年的收获，并更新到自己的简历上。在复盘的过程中，如果发现自己在两年内没有多大的进步，那就提醒自己，一定要规划好接下来的发展路径。如果在两年内有了更牛的经历，刚好可以更新到简历上。

简历更新完毕之后，你可以把简历放到招聘网上看有没有猎头来找自己。如果有猎头来找你，而且还不止一个，足以证明自己两年来确实有了不少的进步。如果对公司是满意的，可以找机会谈薪资；如果对公司不满意，可以考虑跳槽。

相反，如果发现简历更新上去之后无人问津，说明当下你可能不适合换工作，即使不喜欢现在的工作想辞职，也要先把自己的能力提升上来，等做出成绩后再考虑跳槽。

如果你担心把简历放在网上被公司的同事知道，你可以将名字改为昵称放上去，这样就可以避免被公司的同事发现了。

第五点：养成精力管理的意识。

如果你在刚工作的时候就能体会到精力管理的重要性，对你整个职业生涯都会有很大的帮助。因为，一个好习惯的养成是可以受益终生的，精力管理就属于其中一种。

如果你的办公地点附近刚好有健身房，请毫不犹豫地去办一张健身卡，让自己对运动上瘾。

第六点：主动积累以平台为依托的势能。

每一个想要在当下和未来发展个人品牌的人，都需要有意识地依托平台积累自己的势能。你需要借助平台去锻炼自己的能力、结交人脉圈子。

如果别人尊重你是因为你的平台背书，当你离开平台的时候可能也就意味着一切都要从头开始。如果依托平台的势能，自己的能力也得到了锻炼，人脉资源也积累了，当你离开这个平台后，很多人还是会认可你的，因为你的人脉和能力都在。

第七点：给自己设置一个底线时间。

一个真正内心成熟和想要打造个人品牌的人，在面对非常忙碌的工作状态时要有自己的理智判断。如果这份工作需要你每天超负荷工作，身体受到了损伤，这样是得不偿失的。你可以给自己设置一个底线时间，看看自己能否承受。建议你在自己能够接受的范围内做好自己的工作。

以上是给忙碌的"资源者"的七点建议。接下来，我们来看看悠闲的"资源者"需要注意什么呢？

第一点：识别出自己是否处在"温水煮青蛙"的现状下。

19 世纪末，美国康奈尔大学的科学家做过一个"温水煮青蛙"实验，寓意是大环境的改变能决定你的成功与失败，太舒适的环境往往蕴含着危险，在优越的环境中也要随时保持警惕。

我的学员里有不少是工作了十年但却几乎没有竞争力的职场人士，他们对现状充满了迷茫。有超过一半的人是因为早年的职场环境太舒服，陷入了"温水煮青蛙"的状态。

处在"温水煮青蛙"的状态里，大部分人是在不知不觉中就被煮成了"熟青蛙"。所以，当我们发现自己很空闲的时候，要时不时地问自己，对自己的现状是真的满意，还是因为被舒适感蒙蔽了而导致的假满意。

第二点：避免被身边的处境相似的同事同化。

俗话说"近朱者赤，近墨者黑"，我们要多跟公司里比较上进的同事走得更近一点。

第三点：学会用更高的视角看待现有的工作。

比如你参与某个项目，本来你只是其中一个子项目的负责人，你可以站在项目总负责人的角度去看待和学习如何跟进这个项目。

当不理解自己的上司为什么给自己安排某个任务时，不妨站在上司的角度看待任务的安排。

简单来说就是，除了把自己的本分工作做好之外，你还要学会站在更高一级的职位甚至是老板的角度去看待工作，推进工作的完成。

第四点：上班时间重点打造可转移技能。

为什么要重点打造可转移技能？因为这些技能是你在未来工作和打造个人品牌时都能用得上的技能，这些技能对你的未来发展会有很大的帮助。

2015 年，我在外企上班的时候，就把多出来的时间用来学习项目管理能力，后来跳槽到互联网公司做运营总监，到现在创立公司，这个能力都起到了很大的作用。

第五点：开始探索自己的兴趣爱好。

你可以梳理自己的兴趣爱好，利用下班时间继续修炼。如果没有，就硬性安排出 10%～20% 的时间去做一些新的尝试，比如报一些相对感兴趣的兴趣班进行学习，当然也可以报名个人品牌打造类型的课程，一边学习一边实践。

第六点：避免成为低效学习者。

根据我和很多学员的交流发现，大部分人在学习上是非常低效的。你不能因为自己很空闲，有保持学习的节奏就扬扬得意，一定要高效学习。

当你一整年学下来没有任何进步时，你会发现毫无目的的低效学习是没有意义的。

学习是有闭环的，以看书为例，这个闭环是阅读—萃取知识点—写下自己的思考—列行动计划清单—行动，最后如果能加上分享，效果会更加好。

第七点：时间的分配。

你可以用"二八定律"来做时间的分配。

"二八定律"又名 80/20 定律、帕累托法则（Pareto's principle），也叫巴莱特定律、朱伦法则（Juran's Principle）、关键少数法则（Vital Few Rule）、不重要多数法则（Trivial Many Rule）、最省力的法则、不平衡原则等，被广泛应用于社会学及企业管理学。

"二八定律"是 19 世纪末 20 世纪初意大利经济学家帕累托发现的。他认为，在任何一组东西中，最重要的只占其中一小部分，约 20%，其余 80% 尽管是多数，却是次要的。

有不少学员听了我的建议后，把空闲时间用在了打造个人品牌上，最后对工作丧失了兴趣，基础的工作都没有做好，这样是万万不可取的。一开始，你可以把 20% 的上班时间用来做和工作没有关系的学习和探索，适应之后可以适当调整比例，但一定要有个过程。

以上就是本篇文章的主要内容了，我们来做个总结：

第一个知识点：什么是"资源者"身份。

第二个知识点：忙碌的"资源者"和悠闲的"资源者"的两条个人品牌成长路径。

第 *3* 节

配置者: 毕业三到五年, 个人品牌标签化, 转型多重身份

首先, 我们来讲什么是"配置者"身份。

从字面来理解, 这个身份的重心是有意识地主动设计自己的人生, 学会优化和分配自己的资源, 逐渐拿回对自己人生的掌控权。

经过毕业前三年依托企业平台积累的资源和锻炼的能力, 你的个人价值越来越高, 对自身资源、时间等分配开始有自己的主动权, 配置者这个身份适合毕业三到五年的你进行参考和借鉴。

配置者可以在上班时高效完成工作, 下班后利用业余时间学习探索, 并有意识地把自己的兴趣爱好或者能力转化成一套可以帮助别人解决问题的产品方案, 找到开启副业的定位方向, 渐渐打造出个人品牌。

因为前期扎扎实实在职场的打拼, 配置者在工作上已经非常

驾轻就熟了，且有足够的能力、智慧和主动性来根据自己的想法分配时间。配置者能够渐渐把自己主业工作的角色弱化，在打造个人品牌方向挖掘自己的价值。他们不再受制于工作，而是通过学习、探索和实践，渐渐明白自己内心真正想要的人生是什么，并且开始行动起来，朝着这个人生方向发展。

通常来说，毕业后三到五年是配置者身份所对应的时间段，但这并不是绝对的，一定会有人早于这个时间段进入配置者的状态，也一定会有人晚于这个时间段进入配置者的状态，大家可以对号入座，观察自己的状态。

在我看来，每个人能抓住的机会是层层递进的，如果前面的时机抓不住或者抓得不到位，也就意味着很难顺利进入到下一阶段。

了解清楚配置者的特点之后，接下来，我们来看忙碌的配置者和悠闲的配置者的两条个人品牌成长路径。

首先，忙碌的配置者该怎么做呢？

第一点：把自己当成自己人生的CEO。

到了配置者阶段，当你拥有做自己人生的CEO思维时，你不会再认为上班才是自己的工作，你会觉得上班是一份工作，下班后是另外的一份工作。在上班时，你不会把遇到的很多难题或者不良情绪带回家，你也不会觉得下班后的日子很无聊，你会觉得下班精进自己或者开启副业赚钱是精彩人生的必经之路。

总之一句话："思维一变，动力一片。"很多时候，我们学习了方法却无法行动，是因为从思维上根本不认可，所以在这个阶段，升级自己的思维认知非常重要。

第二点：适当做减法。

如果你正处在配置者的身份但又很忙碌，证明你的时间跟精力是不够用的。此时，建议你将重点聚焦在自己正在做的比较重要的事情上。

如何找到当下阶段比较重要的事情呢？去确定做事的优先级。停止尝试新的领域，而是把之前做好的探索进行复盘和分析，从中找到相对喜欢的方向进行深耕。

如果你还是找不到相对喜欢的方向，你需要多问自己几个问题：

· 过往人生里，我拥有过什么高光时刻？
· 自己身上最被他人认可的能力是什么？
· 未来五年，我想拥有什么样的人生状态？

当你去思考一些问题却没有结果的时候，试着通过回答这些问题来找到答案。

第三点：打造核心竞争力。

作为配置者，你需要积累工作内外的核心技能和人脉等资源，从而打造自己的核心竞争力。

第四点：主动迁移以平台为依托的势能。

当你从一个平台跳出来之后，千万不要觉得那个平台跟自己已经完全没有关系了。反而要换另外的角度问自己，那个平台有什么样的资源可以用得上，能不能连接到自己正在做的新项目上。

第五点：画出自己的价值线，果断放弃价值线以下的事情。

什么叫价值线？比如，你的一小时价值 1000 块钱，别人邀请你合作，只要这个合作价值低于 1000，果断拒绝。

当然，我这里是用了单一的金钱维度作为衡量，这样的表达比较直观、明确，除了金钱的维度，你还要考虑比如影响力的扩大、人脉的积累、合作的背书等其他维度。

你需要明白自己想要的是什么，并画出属于自己的价值线，对接下来的一些选择的判断，能起到非常好的作用。

第六点：把自己的价值进行变现。

有很多人不好意思谈钱，事实上，把钱谈好，提供超出对方期望的价值，让对方对自己的产品和服务满意，这才是商业社会正常运转的规则。

在配置者阶段，一定要主动去做与赚钱相关的事情，比如打造出自己的 MVP 产品、在朋友圈、社群等平台分享和展现自己的价值，真正开启副业并赚到钱。

接下来，我们来看看悠闲的配置者需要注意什么呢？

悠闲的配置者有大把的时间进行探索和变现，所以要在能力范围内尽可能多地探索自己的能力边界。

第一点：密集试错时间。

假设你有三个以上的兴趣优势无法做抉择，也不知道究竟选哪个更好，可以把三个兴趣优势分配到一个月里，用一个月的时间尽情地去探索去尝试，找出自己的竞争力最强、最容易变现的兴趣优势。

第二点：养成将 50% 的时间用在重要而非紧急事项当中的习惯。

我在成为配置者的时候一开始是很忙碌的，但后来越来越悠闲。

之所以会有这种转变，是因为我把手头上的很多工作提前了 2 到 7 天完成。比如说，我的公众号永远有至少三篇以上的文章备用。再拿写这本书为例子，假设我需要的写作时间是 60 天，我会给自己 90 天的时间。

无论是通过提前把工作做完，还是更充分地预估做一件事的时间，都要养成把更多的时间花在重要非紧急事项当中的习惯。

第三点：由内而外地贴上你的个人品牌标签。

我有许多学员很不好意思给自己贴标签，他们总希望自己的影响力变大之后，让别人给自己贴上某某达人、某某专家的标签。以我的经验来看，个人品牌的标签一开始是需要自己给自己贴的。在贴上某个标签后，自己才会朝着自己想要的方向努力，而他人也会慢慢地因为你的能力而认可你。

所以，最开始是我们自己要配合个人品牌的标签去做很多的努力，像我早期给自己贴的时间管理达人标签。我配合这个标签写了很多文章，开了很多的课，还在微博发起了阅读量 500 万 + 的话题讨论，大家渐渐认可了我身上的这个标签，我开始由内而外地贴上时间管理达人的品牌标签。

第四点：重心的转移。

你要开始调整自己的时间和精力的分配，并有意识地评估，究竟哪件事的投资回报率更大。

一开始在做配置者身份的探索的时候，我发现主业工作的回报更大。但随着时间往后推，我的副业收入开始超过了主业的收入，在同时兼顾主副业一年后，我的副业月收入已经是我主业月收入的 10 倍。虽说总以钱为衡量的标准非常直接，但我们不能否认的是，金钱是这个世界给我们的真实掌声之一。

要不要赚钱是一回事，有赚钱的能力是另一回事，当你真正有了赚钱的能力，我们还可以把赚到的钱做更多有意义的事情：

· 继续投资自己。
· 用自己的能力帮助更多的人。
· 升级自己的商业模式。
· 通过公益的方式回馈社会。

所以，我们不单要衡量自己是否赚钱，还要衡量哪一种是最高效的赚钱方式。

第五点：总结自己的成就套路。

要有意识地真实记录自己的成长心路历程，人生走的每一步，都是在积累自己的个人品牌，把个人品牌这条大道踩得更加平稳踏实，同时也是为下一个资本家的身份做准备。我们可以养成问自己以下问题的习惯：

· 我做成功了一件事是因为什么？
· 如果让我分享，我有什么方法可以教会大家？
· 什么样的人需要跟我学习？

以上就是本篇文章的主要内容了，我们来做个总结：

第一个知识点：什么是配置者身份。

第二个知识点：忙碌的配置者和悠闲的配置者两条个人品牌成长路径。

第 **4** 节
资本家：毕业五年以上，个人品牌模式化，搭建平台生态

首先，什么是"资本家"身份呢？

从字面来理解，这个身份的重心是投资回报率。此时，赚钱不再是单打独斗，而是撬动身边更多的人脉和资源，甚至是自己搭建平台，打造社群圈子，实现价值的共赢，适合毕业五年以上的你进行参考和借鉴。

以我自己为例子，我大概是在主副业同时推进一年多后才辞掉了自己的主业，辞掉了自己的主业半年后，我创办了"价值变现研习社"，并开始帮助社群里表现特别突出的学员去打造他们的个人品牌。我将自己开课的一整套方法包括怎么设计课程、怎样进行包装、怎样做宣传等毫无保留地教给他们。有部分成员在我的指点下打磨出产品后，我用自己的流量帮助他们宣传课程，帮助他们实现价值共赢。这就是资本家的平台思维。

我将"资本家"身份的年龄段设定为毕业五年以上，当然，不同的人情况是不一样的，每个人可以根据自身情况来做决定。如果你毕业五年了，请记得了解资本家身份的特点，也许你现阶段无法成为资本家，但也要为此做好充分的准备。

了解清楚资本家的特点之后，接下来，我们来看一下忙碌的资本家和悠闲的资本家的两条个人品牌成长路径。

首先，忙碌的资本家该怎么做呢？

第一点：突出重点标签。

在探索个人品牌的早期，我们可以有很多标签，但要渐渐聚焦在最重要的标签上。

比如现阶段，我非常重要的标签有两个，一个是时间管理专家，主攻是效能提升版块；另一个是副业赚钱导师，主攻副业赚钱版块。

其实这两个标签还可以很好地结合在一起，那就是高效赚钱，而这本书就是我的两个标签完美结合的结果呈现。

突出重点标签可以抢占心智注意力，以我的副业赚钱标签为例子，当有人想要上副业赚钱课的时候，第一时间就会想到我。

第二点：打造赋能团队。

在资本家身份里，非常重要的是打造赋能团队。

在这个阶段，你不能再事事亲力亲为了，一定要打造赋能团队。

当然，一下子组建团队可能会比较吃力，你的团队成员不一定都要全职，你可以采取全职＋兼职＋外包团队的组合形式来打造赋能团队。

第三点：搭建自运转商业模式。

你要花更多时间去优化整个商业的布局。模式对了，赚钱就是自然而然的事情了。

从 2020 年开始，我决定重新调整我的商业模式，不再以自己授课为主，而是赋能我的"价值变现私董会"的所有成员，整体升级我的商业模式，把我的私域流量面向"价值变现私董会"全面开放，让所有的资源和产品产生无缝的连接。

每家企业都有自己的商业模式，越是忙碌，越需要厘清整个商业逻辑，让商业模式实现自运转。

其次，悠闲的资本家该怎么做呢？

第一点：升级现有的圈子。

一个人也许能走得远，但一定是一群人才能走得更快。光凭借一个人的力量是不够的，你还需要去学习和连接更多人，通过更高级的圈子，给自己的商业模式注入力量。

第二点：连接身边的大平台资源。

这些年我在有意识地积累和大平台合作的资源。粗略统计了一下，我和各大知名平台合作的《副业赚钱》主题课程营收已突破 500 万元，表面上看来只有金钱的收入，实际上却带来了大量的优质付费客户。我是在 2018 年才开始有了加入平台开课的意识，虽说有点晚，但还是通过自己的实力拿到了一些平台红利，后来我还把"价值变现私董会"的一些成员介绍给了不同的平台合作开课。

第三点：运营高端社群。

我的"价值变现大学"有不同类型的高端社群，比如"价值变现研习社""价值变现金牌导师授权班"，只要一有档期，我都会开课，用优质的课程去给学员提供良好的服务，彼此之间产生信任。

简单来说，作为资本家，悠闲的情况下，你要到第一线市场尽可能多地接触用户，忙碌的情况下，退回幕后操盘整个企业的运转。

不知不觉，我在互联网从业已经有十二个年头了，感恩互联网给了我很多的机会，希望我的读者们也可以抓住属于自己的机会。

以上关于三种身份和三个时机已经全部讲解完毕，每位读者都可以根据自己的情况对号入座，虽然我不能保证你按照我的建议去做就一定能实现财富自由，但根据过往数十万学员学习后的反馈来看，每个人都能看清自己的现状，从中找到努力的方向。只要你肯付出超出他人的努力，你的人生一定能上好几个台阶。

以上就是本篇文章的主要内容了，我们来做个总结：

第一个知识点：什么是资源者身份。

第二个知识点：忙碌的资源者和悠闲的资源者的两条个人品牌成长路径。

第七章

赈钱体质篇：打造自己的赈钱体质，让赈钱进入正向循环

第 *1* 节

赚钱和自己喜欢的工作，到底哪个更重要

和助理 Emma 聊到年轻人是否应该多赚钱时，她的回答是，作为学生，现在可以不在意钱多钱少，做自己喜欢的工作更重要。

如果是你，你的答案会是什么呢？凭直觉，我的答案和 Emma 是一样的。在我看来，答案是什么并不是很重要，重要的是，做了选择之后，你怎么看待这个选择。

如果你选择了年轻时应该多赚钱，你的结果可能会是这样的：因为把注意力都放在了赚钱上，有了一个核心目标，你做事的时候更加有冲劲。

当然，你的结果也可能会是这样的：因为把注意力放在了赚钱上，哪里给的工资高，就去哪里，最后可能会因为频繁跳槽，能力没有得到积累，最后越来越不值钱。

如果你选择了自己喜欢的工作，你的结果可能会是这样的：

虽然一开始收入不高，但自己真心喜欢这份工作，然后非常认真而努力地对待这份工作，越干越出色，渐渐得到了赏识，收入自然而然就多了起来。

当然，你的结果也可能会是这样的：在没有正式把兴趣和工作结合之前，万般肯定自己的兴趣和天赋，投入100%的热情找自己感兴趣的工作，然而现实与理想有偏差，最终在实际的工作环境中，渐渐丧失掉自己的兴趣。

我身边就有这样的朋友，因为很喜欢音乐，选择了和音乐相关的工作，最后却因为在工作中与公司的价值理念不同而屡屡引发冲突，最终放弃了这份工作。

现实可能是残酷的。你在年轻时选择了以赚钱为目标，但现实并不是你想赚就能赚。你要问自己是否有足够的能力赚到相应的钱？

你看似选择了自己喜欢的工作，但你能否确定自己可以自始至终地将这份工作做下去？

问题的关键不在于你做了什么选择，而在于你做了选择后，是否愿意为自己的选择负责到底？

如果你选择了在年轻时多赚钱，你需要先研究能够多赚到钱的行业有哪些？这些行业自己是否了解，在确定了行业后，究竟哪些岗位适合自己？如果不合适，是否有备选岗位？确定备选岗位后，问问自己已经具备的能力有哪些？自己的不足之处体现在哪里？可以提前进行学习的能力有哪些？有没有专家可以帮忙制定一套相对完整的准备方案？有不懂的地方，有没有足够的信心能学好？

如果你只想赚钱，而不想努力去提升能赚钱的能力，那么你需要明白，在能力不足的情况下，你也许能凭借运气取得一些小小的收获，但并不长久。只有真正的能力，才是持久营收的保证。

如果你选择了做自己喜欢的工作，你得先知道自己真正喜欢的是什么。这个世界上，能有几个人一辈子都做着自己喜欢的工作呢？其实只有很少一部分人，明白自己想要什么。

如果你非常明确自己的天赋爱好，你得在最开始就有一个认知：光是喜欢，养活不了你。你可能需要通过一些退让，在喜欢和功利之间找到平衡点。这个过程可能会持续很长的时间，久到让你怀疑自己是否真的一如既往地喜欢一件事。

你可能需要不断地让自己变强大起来，让自己在未来的某一天，对一切的不喜欢，有足够说不的权利。你还需要调整好自己的心态和欲望，坚守初心，不管身边的人如何影响你。

没有人能始终做对一个选择。我们能做的是，为自己的每一个选择负责。而这一次又一次为选择负责的行为，才能真正成就自己。

如果你是一个很有能力的人，但收入却并不理想，这里有一个两全的做法：你可以向你的老板提要求，比如你可以允许基本工资稍低一些，但是希望针对你的能力设置绩效考核奖金。或者你向公司了解清楚，如何做才有机会获得升职加薪。一家真正的好公司不会避讳和你谈钱，而是更看重你给公司带来的价值。如果一家公司总是在谈钱上避而远之，那么这份工作本身也不会好到哪里去。

我在职场上面试过很多人，如果面试者是不卑不亢地和我聊这个问题，我反而会欣赏他：这证明他有上进心，他想用实力证明自己！

毕业后，我的第一份工作的基础月薪只有2000元，但是会按月考核销售业绩。大概半年后，我的月薪就突破了五位数。毕业两年多，我最高拿过近5万元的月收入，但那个时候基本工资只有不到4000元，其他全部是我的业绩奖励。所以，我们做一份工作的重心应该是放在如何让自己越来越值钱上。

如果你想让自己在职场上更值钱，有这么几点需要注意。

第一，你不必一开始谈钱，但最好的方式是所拿的薪水和你本身的能力挂钩，你的能力有充分的发挥空间。

美国佛罗里达州流传着一个管理者教导下属员工的故事。故事的主人公是两个年轻人，他俩曾经是同事，一个叫约翰，一个叫哈里。

约翰和哈里几乎是同时进入一家蔬菜贸易公司上班，半年后，约翰被升任主管，而哈里却依然是普通员工。

对此，哈里非常不高兴，于是他走到总经理办公室，向总经理抱怨说："总经理，我和约翰都是同时来到公司上班的，现在约翰升职了，而我每天勤勤恳恳地工作，从来没有迟到早退过，对上司交代的任务总是按时按量地完成，从来没有拖沓过，为什么我没有升职呢？"

总经理听了哈里的埋怨，意味深长地说："这样吧，公司现在打算预订一批土豆，你先去看一下哪里有卖的，回来我再回答你的问题。"

于是，哈里走出总经理办公室，去找卖土豆的蔬菜市场。半小时后，哈里急匆匆地回到总经理办公室，汇报说："20公里外的'集农蔬菜批发中心'有土豆卖。"

总经理听后问道："一共有几家在卖？"哈里挠了挠头说："我刚才只是看到有卖的，没看到有几家，您稍等一会儿，我再去看一下！"说完，又急匆匆地跑了出去，20分钟后，哈里喘着粗气再次跑到总经理的办公室汇报："报告总经理！一共有三家卖土豆的。"

总经理又问他："土豆的价格是多少？三家的价格都一样吗？"哈里愣了一下，又挠了挠头说："总经理，您再等一会儿，我再去问一下。"

说完，哈里就要往外跑，这时，总经理叫住他："你不用再去了，你去帮我把约翰叫来吧。"

3分钟后，哈里和约翰一起来到总经理办公室，总经理先对哈里说："你先在这里休息一下吧。"然后又对约翰说："公司打算预订一批土豆，你去看一下哪里有卖的。"

40 分钟后，约翰回来了，向总经理汇报："20 公里外的'集农蔬菜批发中心'有三家卖土豆的，其中两家是卖 0.9 美元一斤，只有一家卖的是 0.8 美元一斤，店主是个老头。"

约翰停了停接着说："我看了一下他们的土豆，发现老头家的质量最好，也最便宜，因为他的农场就在'集农蔬菜批发中心'附近。老头说，如果需求量大的话，价格还可以更优惠些，并且他们家有货车，可以免费送货上门。"

约翰停顿了一下又说："为了让经理您看看他家的土豆质量，我带回来了土豆的样品，并且我还把那老头带来了，就在公司大厅里等着呢，要不要让他进来具体洽谈一下？"

总经理微笑着说道："不用了，你让他先回去吧！"约翰说了声："好的，经理。"就出去了。

这时，总经理看着沙发上目瞪口呆的哈里问道："你都看到了吧，如果你是总经理，你会给谁升职呢？"

哈里非常惭愧，从此以后，哈里一直兢兢业业地做事情，再没有抱怨过。

这个故事我相信很多人听过，但我每次听，感触都特别深。

第二，把分内的工作做到你所能做到的最好。

如果你不知道如何才能做到最好，去模仿公司最优秀的学员，去提升你在工作中所需要的技能，去花更多的时间在你的工作上。人和人之间，真的是有很大的差距，愿你是那个主动拉开差距的人。

分内的工作做好了，还不够。在工作到第三年的时候，我所在的部门开始尝试把员工分成两组，由小组长带着进行全方位的PK。小组长是怎么产生的呢？自己主动申请，因为成为小组长后，工资并没有增加，资源也不会有多少的倾斜。

这就意味着，你的工作量虽然增加了，但是实际收益却没有增加。部门的很多老同事都不愿意申请，我还听到很多人私底下讨论：谁会这么傻啊？！

也许当时还年轻、有冲劲，我主动申请成了小组长。

可能你会说，有你这样的工作机会，我也愿意承担，但公司给我的总是打杂的工作。

如果你真的有能力，公司不会那么傻一直让你打杂。

每个人在职场上，都有大把的机会拿同样的工资，做更多的事。

我相信大部分会选择避免做更多的工作，我也不止一次收到读者给我留言：公司又安排了一些分外的事给自己做，该如何拒绝。

如果你想在职场上值钱的第三点：不怕辛苦、不怕累，成为主动抓住机会的那个人。

在你尚未具备识别机会之前，每一个机会都可以试试看。就连识别机会的能力，也是在不断锻炼的过程中获得的。

你应该想尽办法，提高自己的工作效率，把自己的工作做好之余，去承担更多的可能。

公司其实是挖掘自己能力的最好平台，一可以借公司的势能；二试错的成本不但是最低的，还有工资拿。

如果你的公司可以给你提供做项目、外出接触更多资源、成为小小的组长的机会，你都要毫不犹豫地牢牢把握住。

最近最喜欢的一句话：你今天所吃的苦，未来都会变成礼物。

未来这份礼物究竟有多大份、多惊喜，全凭你自己。

愿你现在的每一点努力，都为未来的礼物增添更多的光彩。

如果你想在职场上值钱的第四点：培养自己掌握干一行、爱一行的能力。

刚毕业那会，我的工作是带有考核指标的客服岗位。从一开始我就知道了有竞争才会有进步，目标感很强，每个月都超额完成公司布置的任务，收入自然是越来越可观。

我也越来越喜欢那份工作，因为工作让我体验到了自我的成就感。

因为工作得到了金钱和公司的双重肯定，最开始我并不是太喜欢这份工作，后来也渐渐喜欢上了。

别怕做选择，真正决定做一个选择后，就别再犹豫选择本身的对错，而是用尽全力为自己的选择负责到底，让结果对得起最初的那个选择。

以上就是本篇文章的所有内容了，我们总结一下：

第一个知识点：你不必一开始谈钱，但最好的方式是所拿的薪水和你本身的能力挂钩，你的能力有充分的发挥空间。

第二个知识点：成为约翰，把分内的工作做到你所能做到的最好。

第三个知识点：不怕辛苦、不怕累，成为主动抓住机会的那个人。

第 **2** 节
多渠道收入：月收入 5 万的正确打开方式

　　知乎上有个话题：月薪 5 万是一种怎样的人生体验？我以为会有很多脑洞大开的讨论，结果回答者寥寥。

　　答案里有两个观点引起了我的注意，一个观点是拿了高工资的人，必然是做出了其他方面的牺牲；另一个观点是拿到了高工资，就会去换车。

　　表面看来，随着工资收入的增加，物质的需求会变得更加旺盛。往深处想，人的欲望如果总是无止境的话，痛苦的其实是自己。

　　比起月薪 5 万，我更希望月收入 5 万。

　　我以三个朋友的故事为例。

　　朋友 A 是一家企业的中层管理人员，他能力突出，在其所在领域也有一定的名气，每个月拿着 5 万的固定月薪。

　　朋友 B 是一家创业公司的销售经理，公司的产品创新力强、市场反响很好。虽然 B 每个月的固定月薪不高，但是销售提成很可观，平均下来，每个月能拿到 5 万的薪水。

朋友 C 是一家培训公司的培训经理，拿着 3 万元的固定月薪，他投资意识很强，在进行组合拳投资的同时，偶尔会做一些企业内训赚取外快。

在我看来，月薪 5 万就是指一个人从工作当中每月获得 5 万的固定收入，比如朋友 A；而月收入 5 万则不同，它有两种方式，一种是非固定月薪，收入来源包括固定月薪加上每个月的奖金或者提成，比如朋友 B；另一种是除了工作收入外，还有其他渠道的收入，比如朋友 C。

大概率来说，月收入 5 万的人会比月薪 5 万的人更操心、更累，但前者往往有更大的成长空间，比后者多了更大的可能。

从工作开始，我就不再拿固定月薪了，最初是类似朋友 B 的情况，到后来渐渐发展到类似朋友 C 的情况。

相比周围的朋友而言，我会更加有目标感，能承受得住压力，并且更早了解到多渠道收入的好处。

如果你是固定月薪收入者，建议你多多尝试类似朋友 B 和 C 的收入构成方式，建议大家一定要找机会试一试，而且越早试会越好。

其实，比得不到月薪 5 万更可怕的是，你不敢拿这 5 万月薪。

看到这里，你会说：怎么可能，如果你给我，我肯定要。

我的朋友 L 就遇到了这种情况，最终她选择了放弃 5 万的月薪，原因是对自己不够自信，怕自己不值那么多钱，去到新公司会灰溜溜收场。

其实 L 的选择完全在我的意料之中，我和她认识一年多的时间，亲自见证了她如何一次次浪费掉在我看来值得拼一拼的机会。"我还没有准备好""这样做风险太大""哎呀，下次吧，时机未到"是她百年不变的口头禅。

L 的这种心态，不仅体现在工作上，生活当中也是一样。

L 的收入不算低，和她逛街买衣服，她的惯用口头禅是"这件衣服大几千好贵，我不是买不起，但是觉得没必要"。L 总是有这种"我不配"的心态。

如果有一份月薪 5 万的工作机会摆在你面前，请你一定要抓住。

如果你一直觉得自己什么都不配得到，最后你得到的只会是低配的人生。

而如果你够胆量去试一试，做好了是人生的巨大突破，做砸了至少还能学到一些经验。

那么，什么样的人更容易得到月薪 5 万的工作呢？

我身边月薪 5 万的人，各有各的实力。

在我看来，如果只能选择三点牛人的共性，会是以下三点：

1.核心竞争力。

你不但要有能力，还要有经得起竞争的能力。

《我的前半生》里，贺涵给罗子君介绍了一份工作，为了不给自己丢脸和增加罗子君通过面试的概率，贺涵提前给罗子君上了一课。他说了一句罗子君似懂非懂的话，却让我颇有感触：一份工作，你先要做到能替代任何人，再做到任何人都无法替代你！

这就是核心竞争力！

如果你还没有可以拿得出来的能力，首先要做的是从你现有的工作岗位所需出发，找到能让你拥有持续竞争优势的能力。

另外，你需要明白，核心竞争力不是指你身上的单一能力，而是你与别人拉开差距的能力组合。你与他人真正的不同在于你身上有别人所没有的独特个性、知识和经验组合。

仔细观察一下身边那些很厉害的人，大部分的情况下，如果严格把他们身上的每一种能力单独拎出来打分，都达不到高分，但是整体来看，却是接近优秀的标准。

我的前同事 J 就符合这种状态，她不是业绩最好的销售，也并不具备丰富的管理经验，但她是最懂销售的管理者：沟通能力强、善于挖掘同事的潜能，她所带领的团队总是士气满满、状态绝佳，常年蝉联公司的最佳部门榜首。

2.魄力，敢于做出主动选择和承担后果。

当你得到了一份月薪 5 万的工作后，可能会出现两种结果。

一种结果是，你的能力不足，也没有为这份工作付出 100%的努力，你搞砸了这份工作。

另一种结果是，你想尽办法为自己的选择和别人的信任拼尽全力，把工作做得比预期还要好。

魄力是需要更高综合素质的一种能力。做选择只是一时的事，为你的选择负责，才最考验一个人。

如果你不能为自己的选择做好拼尽全力的准备，越好的机会，将会是越大的阻碍。

3. 人脉力。

身边接触最多的人，决定你的未来，你需要经营你力所能及的最优质圈子。

毕业三到五年后，那些必须靠投简历到招聘网站上才能获得工作的人，大体上没有任何的人脉圈。

什么是人脉圈？

我有两位闺蜜朋友，Q的业务能力很强但一直特立独行；S的业务能力相对差些，但情商很高、深得同事和客户的喜爱。

在毕业前四年，Q在事业上一直处于上风，无论是收入还是岗位，都是同龄人中的佼佼者；S一直相对平缓，但人缘口碑一直很好。

在进入职场第五年时，Q的发展还是很不错，但S的职业生涯实现了一个超级大转弯，她的客户创办了一个新公司，高薪挖了和她关系很好的S去做新公司的CEO。

很多年轻人，都不懂得人脉力的重要性。

每一个职场人士所能接触到的有价值人脉通常包含以下几种：

· 你的同事尤其是你的上司；

· 你的客户尤其是大公司客户；

· 主动而有意识地认识一些 HR 朋友；

· 你的朋友圈，朋友圈的状态；

· 主动而有意识地经营你的人脉力，能连接到更大的可能性。

不要等别人问你"给你月薪 5 万，你敢拿吗？"在别人问你之前，先让自己成为那个值得被认可的人。

以上就是本篇文章的主要内容，总结如下：

第一个知识点：比起月薪 5 万，我更希望月收入 5 万。

第二个知识点：如果给我月薪 5 万，我肯定拿！

第三个知识点：什么样的人，更容易达到月薪 5 万？

第3节
投资型思维：那些事业发展顺利的人都在持续投资自己

谈到身边的牛人朋友们，在羡慕他们的成就时，大家总喜欢补一句：表面上看起来轻而易举的成功，其实背后的付出超乎所有人的想象。

这让我想起晋朝时期的一个典故：

晋朝时期，有一个叫孙敬的年轻人，孜孜不倦勤奋好学，他闭门读书，常常是从早读到晚，很少休息，有时候到了三更半夜很容易打瞌睡。为了不因此而影响学习，孙敬想出一个办法，他找来一根绳子，一头绑在自己的头发上，另一头绑在房子的房梁上。

这样读书疲劳打瞌睡时只要头一低，绳子牵住头发扯痛头皮，他就会因疼痛而清醒起来再继续读书，后来他终于成为赫赫有名的政治家。

这个典故表面上看起来没有什么问题，但为什么很多人努力后却没有得到美好的结果呢？

雷军说过一句话：不要用战术上的勤奋掩盖战略上的懒惰。

相比起孙敬式的努力，我更赞同这个观点。

我和 L 是在 2015 年时通过微信社群认识的。这几年的时间里，我们互相见证着对方的成长。

在最开始认识 L 时，她是一家世界 500 强公司市场部的市场专员，后来升职成了市场部主管，一年多前跳槽到一家法资企业做起了销售。

对她来说，这一次的跳槽，无疑是一种巨大的转变和挑战。

L 整天被压力包围：

· 不知道如何在高层会议上和老大们用英文流利周旋。

· 商务谈判不行，没有大项目开发销售经验。

隔行如隔山，在这两点上，我也帮不上她太多忙，只能在聊天时给她出些思路和加油打气。

上周我们见了个面，约的地方刚好就在她公司附近。

L 只带着两个手机就出现了，说和我聊完，还需要回公司加班。

L 在职场上遇到了瓶颈，因为跨国公司存在文化上的差异，导致很多她谈下来的大项目，公司服务和供货无法跟上。

我笑着说："看来你的销售能力已经跟上了，那是不是还是英文沟通上的问题？"

L一脸自信地说："当然不是，我现在的英文水平已经相当高了，任何交流都没有问题。"

这么说来，L已经解决了当时对她来说挑战最大的两个难题：英文交流和销售能力。

L接着说，她非常感谢这家公司，感觉这一年多时间的进步，可以抵得上之前好几年的量。

我身边有很多各行各业像L一样的牛人朋友，他们究竟从哪些维度持续积累投资自己呢？

1.分析力：诚实找出并面对自己的不足。

到一家新公司时，大部分的人是兴奋的，L却在这个时间节点迅速适应了环境后，快速找出了自己的不足，并愿意去面对自己的不足。

2.持续学习：不断加强职场上必须具备的能力。

我很好奇L是怎么把一开始最困难的两大难题"英文交流和销售能力"解决掉的，于是直接问了她。

L说她把市面上能找到的和销售、商务谈判有关的书籍、音频课程全部找了出来，每天通勤时间和周末空闲之余，大量地进行学习。

遇到有用的方法，马上应用到和客户的谈判上。

经验证方法正确就编进自己的《L销售宝典》中，如果不正确，谈判结束马上记录下来，再一次寻求正确方案。

在这种情况下，能力和信心都越来越强。

这种以解决实际问题为目的的学习，效果是最大的。

至于英文交流，最开始她想到的方法是去找高端的英文私教，可每小时的私教费高到吓人，权衡再三，她决定自学。

L开始分析自己在英语方面的不足，发现最主要的问题是在表达时脑子里有关商务的词句供应不上，缺乏能在会议上脱口而出、在每个场景里能有效回应的句子。

于是她决定买最高端的商务应用教材，用最原始的办法死磕——把课文一篇篇背下来。

从企业的组织架构到项目管理的作用，从品牌文化到一家公司的全程崛起。经过半年的努力和积累，L终于能在有各个国家同事的会议上准确表达自己的意见，并且说服其他部门采纳自己的观点。

语言的学习尤其需要有储备量，当你熟练到脱口而出，你不会讲不好英语。

3.挑战力：需要面对和处理的问题，越来越高级。

一年前你遇到的问题，如果现在还存在，那么你是没有进步的。

L身上最明显的特点是，她不断遇到的难题，都是新的或者是更难的问题。

曾经有个学员，反复在"在行"上向我发出邀约，到第三次时，被我婉拒了。

因为她每一次向我咨询的问题都是相同的。在这种情况下，她需要的其实不是方法。

每个人都一样，如果同样的问题反复出现，你要么从价值观上加深对问题的理解，要么用已经掌握的方法照着去做。

4.成熟心态：从自己身上找原因，层层看透本质。

L说最难熬的时候，感觉自己都要抑郁了，对着男朋友大哭了一顿后，还是很迷茫，于是她用了一个最笨的方法——诚实而深刻地反思自己，用闭环的方式解决问题。她每天晚上写工作日记，详细记录和拆解自己遇到的一个又一个问题。

那么，牛人是如何从自己身上找到问题的原因的呢？

你要学会分析，当时没有做到完美的原因是什么？把原因归类后，你就可以在平时工作日随时察觉自己常犯的几个错误。

如果场景重现，如何处理是最正确的呢？如果下次遇到这样的问题，可以提前做哪些准备？怎样才能有更完美的解决方案？当你按以下几个方法去做的时候可能会很痛苦，但是效果却很好。

1.做到理智地看待自己的处境。

当你不喜欢一份工作或者不喜欢一个人时，最容易做的就是全盘否定。

这其实是一种心理安慰式论证，论证对方有多差，自己的决定有多明智。

而我身边的牛人朋友们，从来不会容许自己被情绪控制，他们总是能做到冷静而多维度地看待自己的处境。

一个最简单的方法是，不再迷茫、犹豫、焦虑、愤怒时做任何大的决定。

2.团队协作。

L有个团队，团队有下属也有上司，无论是下属还是上司，都是她拿下一个又一个项目很关键的因素。

很多人喜欢单打独斗，我也喜欢，但一个人走不远。

面对上司，L会研究清楚需要从他身上获得的支持是什么，并大胆地去争取。

面对下属，L懂得授权让对方去做，给对方犯错和成长的空间。

3.人脉力：研究人的特性，做深度的分析。

L说她到新公司的第一个客户是非常难缠的。

每次通过电话沟通项目，对方都是吩咐式的，当对方表达完自己的想法后，会直接挂掉电话，根本没有商量的余地。

后来 L 对这一类型的人做了密集型观察和研究，了解到他们其实是需要从合作伙伴身上找到存在感和权威力。这类人时刻充满着紧张感，幽默和轻松的沟通方式是很好的突破口。

顺应对方的心理需求，L 在见面时，给足了对方尊重和话语权，让对方在放松的环境里打开自己，再加上她独有的幽默感，很快令客户感觉到她是个充满人格魅力的人。

当然，在工作上，L 不会因为关系的缓和而松懈，她用更高的标准要求自己，让客户对她 100% 放心。

L 开心地和我说，她和客户的关系现在好到了可以约着一起去旅游。

任何事情都自带双向效果。表面上看来，L 是想让我给她的职业生涯一些建议，我却借此写出了一篇文章。我特别喜欢研究人，无论是身边的朋友，还是网上的一些榜样。这个社会是由人组合而成的，向人学习永远是最快、最直接的做法。

以上就是本篇文章的主要内容，总结如下：

第一个知识点：牛人 L 的故事。

第二个知识点：我身边有很多各行各业像 L 一样的牛人朋友，他们究竟从哪些维度持续积累投资自己。

第三个知识点：牛人是如何从自己身上找到问题的原因的。

第 4 节
赚钱体质：主业工作具备什么样的特质更容易高效赚钱

我身边的朋友和读者们，几乎没有人是靠第一份工作的工资发财的。

第一份工作必须能够让你极快速地成长，养成良好的职业习惯，在最短的时间里了解全行业，而且你也需要主动通过第一份工作尽可能地成长。

第一份工作往往对我们的影响是很大的，但我们在当时很难意识到这一点。只有在离开之后，才发现原来那份工作特别好。

我在毕业后六年多的职场生涯里，感触最深的是我的第一份工作。

有很多职场导师会告诉大家：在选择第一份工作的时候，薪水不是最重要的，公司的发展前景和能给你提供的可能性往往比薪水重要得多。

事实是，我观察了自己身边的许多人，发现有不少人以为自己拿到了一份好工作，现在发展得却还不如那些最开始看起来工作不怎么样的人好。

我在前面已经说到，我的第一份工作是带有销售性质的客服工作，对我来说，这是一份颇具挑战性的工作。在做这份工作的过程当中，我曾无数次哭喊着要辞职。当然，那时的我比较年轻和稚嫩，完全没有现在的心理承受力，但我很庆幸自己坚持下来了。

在做这份工作时，我每天都要关注两个指标：一个指标是客户广告费的消耗；另一个指标是客户续费金额。除此之外，我们每个季度、每月、每周都会有评比，也就是说，我在刚开始工作时就被要求具备很强的竞争意识。

这样的竞争状态也使我获得了成长和进步，得到了实实在在的物质和精神的奖励。所以我非常感谢我的第一份工作，也很感谢当时没有放弃的自己。

前些天，我从朋友那里得知当时和我同时进入这家公司的另一个女生的消息。她就是因为没有办法忍受这份工作的高压最后离职了，现在做着一份非常普通但又很稳定的工作。当然，我并不是说安稳的工作不好，但如果你想要更好的人生，那就去承受压力，获得成长。后来我也打听到，在那个时期跟我一起熬下来的那些同事，现在也都事业有成，成了人生赢家。

那么，主业工作具备什么样的特质更容易赚钱呢？

有能力的人数不胜数，但真正能做好主业或者创业项目的，其中一个非常重要的特点是不惧怕谈钱。当你的工作需要你完成各项指标才能拿到钱时，不要惧怕，勇敢去接受并挑战它。

我一开始并不具备这种"不怕谈钱"的意识，因为一个刚毕业的小女孩儿是没有足够的力量和胆量去跟大家谈钱的，是第一份工作让我有了现在这样的意识。

我一直以为所有的工作都是雷同的，而我又特别渴望自己能够成为一个事业有成的人，所以我在做第一份工作时就要求自己，一定要把公司安排的各项指标都完成好！

如果你真的想成为一个有成就的人，那就去做自己最怕的事情，而且你得去融入那个总是会让你害怕的圈子。

因为一个人做这些事情会害怕，但是一群人做就能勇往直前。

所以我建议所有我的读者们，如果你想让自己成为一个创业者，或者是想通过副业赚到钱，那你要融入这个圈子里。

在我看来，主业工作具备这三个特质更容易赚到钱。

第一，底薪很低。

第二，提成很高。

第三，每个月或者每周甚至是每天都会有指标考核的工作。

如果你希望自己的人生充满挑战，我希望你去找到一份这样的工作，为自己未来的人生可能性做好充分的准备。

以上就是本篇文章的主要内容，总结如下：

第一个知识点：第一份工作的重要性。

第二个知识点：主业工作具备什么样的特质更容易赚钱。

第 *5* 节
三个案例：普通人、普通岗位的赚钱故事

第一个案例：全职妈妈如何一边带娃，一边将副业变现。

我有很多学员想要打造个人品牌，开启副业，也发现在自己的朋友圈有很多副业赚钱的机会，但是不知道从何下手。你是不是也有同样的困惑？如果答案是肯定的话，这个案例将帮你解开困惑。

2016 年，春瑜跟随先生去了广西，在家全职带娃，没有任何收入，整个人时常会焦虑。在上了我的副业赚钱课后，经过我的指导，她开始从身边的资源中留意副业赚钱的机会。

她观察到身边和她一样的全职妈妈，有很多都在业余时间经营自己的副业，而她在带娃之余的时间全都被浪费了。

有一次在和儿子同学的妈妈们聚会的时候，春瑜获得了一个很关键的信息，在她居住的小区附近，就是大型养生品批发市场。

于是，她在送娃上幼儿园之后，不再直接回家了，而是去到批发市场了解副业机会。后来她发现，批发市场的东西都特别好，价格也特别优惠。春瑜不太放心它们的品质，特地买了一些适合自己喝的养生品拿来试用，结果发现，其中有一款祛湿减肥膏，效果确实不错。

她将这件事告知我后，我鼓励她在朋友圈发一些自己要做养生品的信息，没想到，消息一发出去，还真的有人买单。现在，春瑜在带娃的同时，每天都在经营着自己的朋友圈，月收入稳定在四五位数。

如何找到适合自己的副业产品呢？春瑜的故事和找到副业的路径，相信给了大家很大的启发，我来一一拆解给大家看。

首先，如何发现副业机会？

第一种方法：公开告诉身边的人，你有做副业的计划。

在一开始开启副业的时候，我就有意识地在公开场合告诉大家我想要连接的各种各样的资源。比如，我想要去大平台讲课，我就会在我所在的社区以及自己的朋友圈里告诉大家，我希望自己可以到一个比较大的平台去讲时间管理主题的内容。很快我就会收到有一些小伙伴私聊我，帮我连接这样的平台。

我换第三份工作的时候，也是通过在朋友圈发布动态，讲自己有想要跳槽的计划，结果就获得了朋友们的牵线帮忙。

还有一个例子，今年我和我老公有了投资实体产业的计划，然后我们就把这样的想法告诉了身边的亲朋好友，结果我们很快就成功投资了一家实体产业。

这个方法非常简单，当我们公开自己的想法后，如果恰好有朋友有相对应的资源就会给我们。而我们自己也会更有意识地去发现各种各样赚钱的机会。

第二种方法：打开触觉，收集各种各样的副业赚钱方法。

了解副业赚钱的方法有很多，比如我的第二本书《副业赚钱》中就讲到了各种各样副业赚钱的方法。除此之外，你可以在朋友圈的搜索框或者是百度、知乎等平台输入与副业或赚钱相关的关键词，从中找到大量副业赚钱的方式。

你可以在自己的手账本或者是有道云笔记上写一个赚钱方法清单，每接触到一种赚钱方法时，就把这种赚钱方法纳入你的赚钱方法清单里。相信我，这样的方式会让你对副业赚钱的方法了解得更加深入和系统，而且也更容易遇到你想做的副业。

第三种方法：遇到一个副业赚钱的机会，如果你有能力去做，不妨先试试看。

你可以将你在找副业进行尝试的这个过程，看作是实习期。行动起来，才能确定这份副业是不是自己真正想要的，并且在时机成熟时将其"转正"，将副业变为主业。

其次，我们谈谈副业选品的标准有哪些。

第一，这款副业产品，你试用后是否真的有效。

春瑜在选择养生品这个副业的时候，自己先进行了试用。到现在她每推销一款产品都会先自己试用看看，如果是适合自己的产品，她会让自己家人或者是亲戚使用之后给自己反馈，然后再把这款产品在朋友圈里进行售卖。

第二，这款副业产品，宣传相对合理。

这句话可能理解起来会有点抽象，但我想跟大家表达的是，如果你遇到一款产品，卖这款产品的人告诉你，这款产品既可以治病，又可以救人，我想告诉你的是这个产品太万能了。

万能产品最大的问题是它一定会出问题，所以我建议大家不要去找这一类产品。比如一款护肤品，它的卖点是，想要护肤，只使用这一瓶就好了；一款吃的产品，它告诉你吃了后能够包治百病，这些都是所谓的"万能产品"。我建议大家不要去接触这样类型的产品。

第三，这款副业产品，拥有一定的用户群体。

如果你挑了一款品质很好的产品，自己用了也非常喜欢，但是你完全找不到可以购买它的目标用户，那很大概率是卖不出去的。所以，你在选择产品之前，需要看看自己的微信朋友圈或人脉资源中，是否有对你想选的这款产品感兴趣的人。如果大部分人都不感兴趣，那也不要固执地进行售卖。

第四，这款副业产品，有团队一起做。

因为一个人太难坚持了，一群人才有可能持续行动，走得更远。

第五，这款副业产品，是正规合法的。

这一点是最重要的。如果你想要卖的产品可能会违反国家的法律法规，要毫不犹豫地拒绝选择这样的产品。

如果你能遇到以上五点都符合的副业项目，建议大家可以试一试，值得注意的是，自己衡量好投入产出比，而非贸然进行资金上的大量投入。

最后，选中副业产品后，前期如何开启自己的副业呢？

第一步，先做铺垫，把自己使用这款产品的感受分享到朋友圈。

以春瑜经营养生品为例子，她把自己试用祛湿膏的整个过程都在朋友圈里进行故事性的晒图和记录。这些记录包含：吃之前的体重和吃了一个月后体重的变化；一个多月后睡眠的改善以及浮肿状态的减轻。除此之外，她还分享了这款祛湿膏的品牌故事，让大家从多个维度对这款产品产生信任。

第二步，广而告之，让众人知道你开启了这项副业，如果有需要的可以来找你。

发朋友圈告诉大家，因为自己试用了这款产品后觉得确实很不错，所以决定把这款好的产品分享给更多需要的人。同时把这款产品的适用对象，以讲故事的方式源源不断地告诉大家。

第三步，每天定期普及使用这款产品后会产生的效果，让大家体会到你的专业性。

还以春瑜的故事为例。除了分享与产品本身相关的信息外，春瑜还不定期分享与养生相关的小技巧，让大家认识到她除了在卖产品外，还懂很多与养生相关的知识。

当然，以上三步是远远不够的。我相信，你不会只是想做个纯粹卖产品的人，而是同时想打造自己的个人品牌。当大家购买你的产品时，是因为信任你觉得你可靠，进而在有需要的时候会想到你，并且购买你的产品。

我们要清晰地认识到，想做好一份副业，不是只做好卖货这一件事，你还需要掌握经营朋友圈和涨粉的技巧，结合本书分享的干货内容，端正心态，才能持续打造个人品牌。

第二个案例：业余时间兼职穿衣模特，开启美学副业项目。

丁丁是我闺蜜的朋友，我们第一次认识是在闺蜜家里，我见到她的第一眼就觉得"哇，这姑娘长得真美"。后来，听闺蜜分享丁丁的故事得知，丁丁非常懂得利用自身的优势，还在上学时就开启了自己的副业。

她的副业是兼职穿衣模特。和她一起兼职穿衣模特的人有不少，许多人到现在依然还是穿衣模特，但她在跟我学习了两年之后，已经开启了自己的美学副业项目了。

如果你也和丁丁一样，要么自身条件非常好，人美身材比例好，要么对穿衣搭配有自己的一套看法，那么你就很适合开启这个副业赚钱项目。

以丁丁为例，给大家分享她是怎样一步一步开启美学副业项目的。

第一步，持续在朋友圈分享跟穿搭有关的知识，吸引第一批用户的关注。

每一次拍完穿衣模特的照片后，丁丁会跟公司把照片要过来，要过来之后会在朋友圈分享穿搭的一些小技巧和心得体会，并且会把没有搭配和有搭配的穿衣对比图发在朋友圈。

每一次丁丁分享这些类型的内容都能收到非常多的点赞。

爱美之心人皆有之，这个市场真的是太大了。如果你也喜欢穿搭，即使不是穿衣模特，也一样可以在朋友圈持续分享。你可以从以下几个渠道收集穿搭技巧素材。

1.持续关注自媒体圈里一些比较知名的时尚穿搭达人，关注她们的公众号、微博和抖音号。

2.阅读穿搭杂志。

3.如果你能查看国外的网站，可以看脸书上一些国外穿搭名人的自媒体。

建议大家平时就要有意识地积累素材，才可以在用的时候从素材库里取材。

为什么要把一些观点和看法分享到朋友圈呢？

这么做的好处是让朋友圈的人对你产生一种认知，了解到你是非常擅长穿搭相关专业知识的。

随着你的分享越来越多，就会有人开始私聊你。

第二步，成为带货达人。

私聊丁丁最多的是问她在哪里可以买到她朋友圈里分享的衣服。

一开始，丁丁都是直接把衣服的链接发给微信好友，经过我的提醒，她开始跟兼职穿衣模特的服装公司谈合作，通过佣金抽成的方式，在朋友圈分享穿衣心得的时候直接带货。

丁丁属于那种中等身材的女生，所以她带货的效果特别好。

因为她长期在朋友圈分享自己兼职穿衣模特的照片，所以一带货，大家都很愿意跟她购买。

渐渐地，大家都知道丁丁成了一个带货"网红"，也有一些其他厂家陆续找上门来，跟她谈合作，这样除了带货卖衣服之外，她还会带货卖一些小饰品。

在这里，我特别要跟大家强调，做副业有一个特别需要掌握和持续用起来的技能叫作分享，你学到了什么就要学会分享出去，这样也最容易获得别人的信任。

第三步，成为私人穿搭顾问。

问大家一个问题：

有 AB 两个同学，A 同学能力很强，但是从来都不在朋友圈分享。

B 同学专业实力相对差一些，没有 A 同学能力那么强，但是她非常勤奋，非常喜欢把自己学到的知识和经验都分享出去。

你会更倾向跟谁产生连接？我相信，一定是 B 同学。

大家除了在丁丁那里买货之外，还渐渐有人开始私聊问她不同场合该如何进行穿衣搭配。

丁丁问我该不该开启这样的私人穿搭服务，我鼓励她马上行动起来。

丁丁制定了自己的收费标准，分为按次收费、包月收费和按年收费三种方式。

按次收费就是她可以直接陪同购买，如果是线下，就直接陪同去逛商场；如果是线上，交流后在线上平台帮助对方选择合适的衣服。

按月收费的话，就是有一次一配购的机会，除此之外，平时遇到任何问题都可以在服务时间内来进行咨询。

按年收费就是直接提供一整年的服务，四个季度四次配购以及任何时候有问题都可以咨询。

丁丁在我的指导下，副业的收入嗖嗖嗖地往上长。

而且因为服务特别好，老客户转介绍的也特别多。

第四步，进行穿搭授课教学。

我跟丁丁讲，一对一服务虽然收费比较高，收入也不错，但它是按份销售自己的劳动力。所以我建议她进行进修，去修一份专业的形象顾问证书回来。修回来之后，再把自己这些年的经验，还有客户的回馈结合专业的知识录制成视频课程进行售卖。

而且在录制的视频课程的结尾部分，可以告诉大家自己有私人陪购服务和购买衣服渠道。

视频课程给丁丁带来了三大好处：

1. 逼自己持续学习和把知识进行梳理输出，专业能力越来越强。

2. 一次录制，可以长期销售，多了一份收入。

3. 起到宣传自己的作用，为自己带来更多的私人陪购服务和购买衣服渠道。

第五步，成立工作室，变副业为主业。

在考完证书之后，和丁丁一起学习考证的另一个朋友也想创业，于是两个人一拍即合，合开了一间工作室。

工作室的主营产品有两个，一个是教育产品，开设各种线上线下的课程供大家学习。另一个是衣服，大家除了学习，还可以购买衣服。

如果你也和丁丁一样，可以从她的故事当中得到启发，挑选适合自己的变现方式进行尝试。

第三个案例：传统理财师如何实现线上变现。

我做过一个统计，跟我学习个人品牌副业赚钱的学员，有10%从事的是与理财相关的副业。

第三个案例的主角是跟着我学习了近三年时间的吴老师。

吴老师在认识我之前一直都在线下做理财方面的培训师，大概做了八年多的时间。

他给很多大型企业和机构做过培训。2017年，他报名参加了我的第一期"价值变现研习社"。

他非常庆幸自己报名参加了我的课程，因为这是他转型线上教育最重要的一个选择。

2018年，我们共同合作的项目流水破了百万元。

并且，吴老师不是个案，除了他，我身边还有不少的学员标签都定位在理财规划师上，而且有不少理财机构主攻线上教育流水破亿。

你一定想知道传统理财师如何通过线上进行变现吧，接下来我从几个方面进行讲解。

首先，了解理财规划师的三种收入类型：主动收入、投资收入和被动收入。

我认识一个做理财规划的蓝老师，她提到理财规划师的收入有三种，分别是主动收入、投资收入和被动收入。

主动收入，可以理解为一定要亲自参与劳动才能获得的收入，比如工资性收入。理财规划师的工资性收入来源主要有两种：理财咨询收入和推荐理财产品的佣金，未来还会有更多的来源，比如年费收入。

投资收入，可以理解为运用投资技能获得的收入，比如基金投资收入。一个合格的理财规划师比普通投资者有优势的地方在于，他们更清楚哪些理财产品适合自己，而不是盲目追求高收益。

理财规划师可以从股票、投资型保险、基金、信托、房地产、外汇、黄金等项目中挑选最适合自己的理财产品，以便获得更好的回报，让攒钱的速度更快一些。

被动收入，也可以称为"睡后收入"，因为有了前期的付出，现在和以后即使什么都不做，仅仅在家睡觉也依然会有收入。理财规划师的被动收入来源主要有两种：打造赚钱系统和知识变现收入。

其次，了解如何在线上提供理财咨询服务。

我是"在行"平台的咨询师，每年参加"在行"平台的年会都能遇到不少咨询师朋友，她们常常通过"在行"平台进行接单。

我做了一下简单的统计，咨询收费大概是在 199 ~ 999 元不等一个小时。也有接个案的，就是长期服务，收费会贵很多。

还是那句话，如果是早期开拓市场，为了积累口碑，一开始可以收费相对便宜一些。

做理财规划咨询师有什么需要注意的，分享给大家：

无论是挂在平台上进行接单，还是在个人自媒体平台比如公众号、个人微信号上提供服务，最重要的是把自己能提供的服务项目罗列清楚。

根据自己的能力，你可以提供以下服务，比如现金流规划、收支规划、教育基金规划、养老规划、保险规划、税收规划、投资规划等多方面内容。当然，一定要根据真实能提供的服务进行罗列，一开始你服务的项目可能会少一些，随着能力增强，可以逐渐增加丰富。

如果是在平台接单，平台本身会有单独的宣传链接，如果是在自己的自媒体平台进行宣传，最好以海报的形式呈现，会更加一目了然和专业化。

咨询最终的结果呈现往往是一份结合用户实际情况的资产配置方案。客户可以有两种选择，一种是只需要你提供方案，另一种是除了方案，还需要你对接资源。如果是第二种，其实是增加了一份副业收入。

需要注意的是，资产配置方案不应该是以个人利益为先，而是从客户角度出发，提供一份最适合客户的资产配置方案。

再次，根据资产配置方案对接资源，赚取佣金。

如果你想打造自己的个人品牌，就不要只挂靠在某一家保险或者投资机构下，而是应该在资源渠道上下一番功夫，为客户提供最适合的资产配置方案。

我的另一个学员小木，她和吴老师是拍档，因为在保险理财行业有非常多的经验，我就建议她用这种方式去服务客户。

小木的客户都非常信任她，因为小木每一次为学员配置资产方案的时候，都会花很多的时间去了解客户的需求和想法，提供的方案客户也非常满意。

而且小木非常喜欢对客户说这么一句话：你不必有压力，我和其他的理财规划师不太一样，我更希望你能理清自己的整个财务情况。

可能有些学员会觉得，我没有小木这样的实力，那我是不是就办不到了？

当你知道了这个方向，在渠道资源上就要有意识地慢慢积累。

以前你可能会觉得其他同行是自己的竞争对手，而现在你会变得很敞开，会想要连接更多的资源，为自己成为独立理财规划师做好准备。

当然，在这之前，你也可以选择跟某个平台深度合作，成为某个平台的员工。有一句话是这样讲的，想要成为创业者，最好的方式是去创业公司上班，并且把自己当成创业公司 CEO 去工作和学习。

最后，以理财为技能依托，开始理财打卡营。

我的学员吴老师在这件事情上做得非常好。

他的课程主要定位在基金定投上，他先是把基金定投的一些种类和定投的一些注意事项，通过分享授课的形式讲解清楚。

学员从进群开始，每天都需要投 10 元进行基金定投。

当然，如果你想要投更多也是可以的，但是 10 元是最低的标准，每天完成这个举动之后要在群里面进行打卡。

基金定投打卡营的奇妙之处在于，很多人会认为学了之后就已经是自己的知识了，觉得行动起来很麻烦就不行动了，但是吴老师会强制要求大家行动起来。

而且吴老师还会教大家为自己进行基金定投最后赚取的收入去设定一个梦想蓝图。比如一起去旅游或者是拿着这个梦想基金去做一件自己最喜欢做的事情，也就是从内在驱动力去调动大家做理财这件事情。

以上就是本篇的主要内容了，我来做一下总结：

第一个案例：全职妈妈如何一边带娃，一边将副业变现。

第二个案例：业余时间兼职穿衣模特，开启美学副业项目。

第三个案例：传统理财师如何实现线上变现。

后记：做金钱的朋友

其实生活中处处充满着赚钱的机会，但并不是每个人都能观察到和把握住。

大家都知道，一直在世界富豪排行榜上名列前茅的巴菲特先生，他获得巨额财富的秘诀就是像滚雪球一样的投资复利，但很少人知道他在最初是如何认识到复利的巨大作用的。

在纽约 HBO 电视台为他拍摄的纪录片《成为沃伦·巴菲特》中，巴菲特分享了他小时候看过的一本书，其中一则财富故事给了他很大的启发。

故事中提到，1933 年，一个年轻人在药店里买烟，在他结账的一小段时间里，他看到有好几个人通过投币站在一台体重秤上测量体重，便问收银员："这个体重秤每个月能有多少收入呢？"

收银员说，一个月大概有 20 美元，但是其中的 25% 需要分给设备制造商。

于是，这个年轻人随后联系了体重秤的制造商，拿出自己的很多储蓄一次性购买了三台体重秤，随着这三台体重秤给他带来越来越多的收入后，他最终一共购买了 70 台体重秤。

他说："最初三台体重秤的总成本是 175 美元，但是每个月我可以获得共计 98 美元的收入回报，而且我投入过后基本不需要提供其他服务，也没有其他需要调整的方面。在购置最初的三台体重秤过后，我就开始与制造商建立起了一种互信机制。整体而言，我所购置的 70 台体重秤每个月可以获得 768 美元的回报，相当于每台体重秤每月的收益大概是 10 美元多一点。不到九个月时间，我就把购置体重秤的成本收回来了，并且这个方法还大大地改善了我的生活。"

看到这个故事后，巴菲特就着迷了，他也开始做类似的生意。他所购的投币体重秤具体数量不为人知，但是巴菲特告诉 HBO 记者说："我做到了让这个地方的每个人平均一天称 100 次体重，而我就像那本书中的主人翁一样，坐在那里等着数钱就是了。"

巴菲特比普通人更厉害的地方在于，当他看到了这样的案例后马上就去想，自己从中能学到什么，并且很快行动起来，去收获好的结果。

人生的商业模式可以分为五种，你属于哪一种？

第一种：一份时间出售一次。

就像普通的上班族，按月领取一次固定工资。

第二种：一份时间拆分成多份。

依然是上班族，除了按月领取一次固定工资外，根据个人努力拿到绩效工资。

第三种：一份时间可以重复出售。

比如，我把我的经验写成书，我的三本书销量已经突破 10 万册，一直都有版税拿。同时，我把这份经验做成"副业赚钱课"，全网销量也近 10 万份，一直都有课程收益。

第四种：雇佣他人，购买时间再出售。

当你成立了公司或者有了自己的小团队，不再一个人单打独斗时，就意味着你在购买别人的时间为自己所用。

第五种：投资他人，共赢时间价值。

你投资他人，但你们之间并非隶属关系。你投资潜力股共同做项目，项目做好后按利润分成；你投资企业，企业上市后你可以和对方实现共赢。

你属于哪一种人生的商业模式呢？

想明白了人生的商业模式，我们再来看看，人在不同阶段，对待金钱的不同看法。在生存阶段，赚钱一定是首要目标，但别忘了同时修炼一项硬核本领。只有真正掌握了硬核本领，才有可能在这个时代崛起。当你度过了生存阶段，要试着把钱看淡一点。看淡一点不是指赚钱不重要，而是要拥有长期主义思维，能静下心来做一些更能发挥自己特长的事。再往下一个阶段，在金钱上相对自由了，我们开始努力追求更好的生活，这个阶段要试着反哺社会。

高效变现

我知道很多人都有反哺社会的责任感，能力越大，能做得也就越多。

总而言之，钱有很多值得被歌颂的用途，在此之前，我们需要具备赚钱的本领，否则一切都是空谈。在好的大学学习，眼界不在于挣不挣钱，而在于能否看透钱，认清钱仅仅是媒介这种性质，这比挣钱本身更重要。

我曾在朋友圈发起了一个互动，当你看到钱，你想到了什么？有无数小伙伴给我留言，有人说，我想赚钱、我想拥有很多的钱，也有人问我，该怎么赚钱？如果你的答案也是如此，我想告诉你，这不是你的真实想法。

因为真正想赚钱的人，大都不会跟我进行互动，而是把时间花在赚钱上了。真正想赚钱的表现形式是：他不会表达自己想赚钱，也不会问我该怎么赚钱，因为他已经行动起来了，而不是停在想的阶段。但凡还停留在想的阶段的人，相信我，你没有那么渴望赚钱，如果你没有那么渴望赚钱，你就很难赚到钱。

《原则》这本书在开端部分一直在反复强调一个词：真实。

什么是真实？真实就是你要面对自己内心真正的想法。比如说看到钱，你内心联想到的是辛苦，那就告诉自己，我联想到的是辛苦。那下一步该怎么办？

下一步你要问自己，为什么你会联想到辛苦。如果你联想到赚钱是辛苦的，你内心里一定产生过"赚钱很辛苦"的念头和限制性思维。

你可以问自己，是不是因为看到自己的父母赚钱很辛苦，或者是父母一直给自己灌输"赚钱一定会辛苦"的观念？

该怎么破解？

很多答案就在你找到真正的原因的那一刻出现。

我并不想表达"钱是万能钥匙"这样的观点，因为我们都知道，《能断金刚》里面在反复强调一个观点：任何事物都是空性的。你怎么看待它，它就是什么。

那么，我怎么看待钱呢？在我眼中，钱很美好，它能给我带来很多自由，我敢于大胆收钱，因为我觉得自己值得拥有它。我可以根据自己的自由意愿进行分配，我可以帮助别人，可以用于改善家人的生活，我也可以花更多的钱去学习去成长，用我的知识去帮助更多的人。

你究竟怎么看待钱，从给自己一个真实的答案做起，在那一刻，正是和金钱建立朋友关系的关键性时刻。

亲爱的读者大人们，到这里，大家已经把这本书看完了，最后，期待你来到我的"价值变现大学"和我深度连接。欢迎关注我的微信公众号：Angie，关注后回复：赚钱，给你赠送一套赚钱课。